国家电网有限公司
STATE GRID
CORPORATION OF CHINA

电力物资供应商信息分类及编码

第五册 二次设备与营销

国家电网有限公司 组编

中国电力出版社
CHINA ELECTRIC POWER PRESS

图书在版编目（CIP）数据

电力物资供应商信息分类及编码. 第五册，二次设备与营销 / 国家电网有限公司组编. —北京：中国电力出版社，2021.10
ISBN 978-7-5198-5923-7

Ⅰ. ①电…　Ⅱ. ①国…　Ⅲ. ①电力工业–物资供应–信息管理–中国　Ⅳ. ①F426.61

中国版本图书馆 CIP 数据核字（2021）第 176105 号

出版发行：中国电力出版社
地　　址：北京市东城区北京站西街 19 号（邮政编码 100005）
网　　址：http://www.cepp.sgcc.com.cn
责任编辑：刘丽平　张冉昕
责任校对：黄　蓓　朱丽芳
装帧设计：张俊霞
责任印制：石　雷

印　　刷：三河市万龙印装有限公司
版　　次：2021 年 10 月第一版
印　　次：2021 年 10 月北京第一次印刷
开　　本：787 毫米×1092 毫米　16 开本
印　　张：13.25
字　　数：295 千字
印　　数：0001—3000 册
定　　价：70.00 元

编 委 会

工 作 组

组　长　熊汉武

副组长　孙　萌　樊　炜　陈金猛

成　员　牛艳召　刘岩松　张　斌　储海东　张婧卿　王　冬

　　　　　耿　庆　李　凌　倪长爽　李　萍　谢晓非　李佳宣

　　　　　郝嘉诚　汪　贝　李思行　姜璐璐　刘　松　王　兵

　　　　　许志斌　田　宇　陈星月　张文俊　宫杨非　朱　婷

　　　　　王成园　徐宝华　陈　煜　张会玲　刘文烨　魏俊奎

　　　　　王来善　杨孝忠　叶　飞　骆星智　高彦龙　王　伟

　　　　　吴春生　古天松　冯三勇　孙宏志　吕振辉　郭　伟

　　　　　李　明　章义贤　谢先明　吴　云　车东昀　吴皇均

　　　　　邓　勇　周银春　金涌川　李　东　孙　青　刘红星

　　　　　张翰林　焦才明　冯　亮　韦正元　李伟锋　张　亮

　　　　　王倩倩

本 册 编 写 人 员

陈金猛　张婧卿　王　冬　倪长爽　李　萍　李佳宣

郝嘉诚　汪　贝　张文俊　宫杨非　朱　婷　王成园

徐宝华　陈　煜　张会玲　刘文烨　魏俊奎　王来善

杨孝忠　马志昊　张　旭　孙　成　张冬冬　陈文强

李伟锋　张　亮　王倩倩　余　婕　刘　旸　陈秋妍

严黎明

前　言

随着全球全面进入信息化和数字化时代，数据已经成为促进人类社会发展的新型生产要素和推动各国经济发展的新动力。长期以来，电力行业相关企业在物资供应商信息数据的分类、定义和编码等方面不统一，数据的结构化、标准化程度较低，制约了大数据、物联网时代的数据共享和数据价值挖掘，形成了事实上的"数据藩篱"，这也成为相关企业提升供应商信息数据治理和供应商关系管理能力的掣肘。

为优化营商环境，提高采购质效，国家电网有限公司开展供应商资质能力信息核实工作。供应商将资质业绩、设计研发、生产制造、试验检测、原材料/组部件管理等方面信息录入电子商务平台中的结构化模板，国家电网有限公司组织相关专家根据供应商提交的支持性材料，以及通过现场核对的方式对电子商务平台中的信息进行核实。供应商投标时应使用已核实的资质能力信息，可不再出具对应事项的原始证明材料，实现"基本信息材料一次收集、后续重复使用并及时更新"。这不仅大幅减少了供应商制作投标文件时的重复性劳动，降低了投标成本，也避免了供应商在制作投标文件时因人为失误遗漏部分材料而导致的废标。同时，通过多年工作积累了海量的数据信息，为电力物资供应商信息科学分类奠定了坚实的基础。

为加快数字化转型，推进数字化、网络化、智能化发展，消除数据隔阂，实现数据共享、共用，提升数据价值，国家电网有限公司从数据信息分类、定义、编码及采集等方面，构建统一的供应商信息分类及编码规范，按物资类别编写了《电力物资供应商信息分类及编码》丛书，包括《通用线圈类设备》《开关类设备》《线缆类物资》《装置性材料》《二次设备与营销》5 个分册。各分册主要包含三类内容：一是电力物资供应商信息分类及编码规则，明确了供应商信息的分类分级和数字化编码的基本规则；二是电力物资供应商基础信息和通用信息规范，提炼各物资类别中基础和通用的信息项，分别编制形成了电力物资供应商基础信息规范和通用信息规范；三是电力物资供应商专用信息规范，根据各物资类别的特有信息，明确了 38 类电力物资供应商专用信息分类。

丛书编写过程中，得到了国家电网有限公司各单位、相关专家及部分供应商的大力支持与配合，在此表示衷心的感谢！

由于电力物资供应商信息数据海量且类型多样，丛书涉及内容也非常复杂，不足之处在所难免，希望国家电网有限公司系统内外单位及供应商在应用过程中多提宝贵意见。

编　者

2021 年 8 月

总　目　录

信息分类及编码规则

目　次

信息分类及编码规则

1 范围

本部分规定了电力物资供应商信息分类及编码的规则。

本部分适用于国家电网有限公司供应商资质能力信息核实工作，以及涉及供应商数据的相关应用。

2 规范性引用文件

下列文件对于本文件的应用是必不可少的。凡是注日期的引用文件，仅注日期的版本适用于本文件。凡是不注日期的引用文件，其最新版本（包括所有的修改单）适用于本文件。

GB/T 1.1—2020 标准化工作导则 第 1 部分：标准文件的结构和起草规则

GB/T 20001.3—2015 标准编写规则 第 3 部分：分类标准

GB/T 36625.2—2018 智慧城市 数据融合 第 2 部分：数据编码规范

3 信息分类说明

电力物资供应商信息分类按照隶属关系自上而下共 4 级，依次是模块、表、字段、字段值。模块层级的数据维度包括 10 类，分别是企业信息、财务信息、报告证书、研发设计、生产制造、试验检测、原材料/组部件、售后服务、产品产能。各项模块层级包括若干个表。每个表下包含一系列性质相近或相关的供应商信息数据字段。字段下设字段值，以满足字段存在的多种可选属性。

4 信息编码规则

4.1 信息编码的构成

电力物资供应商信息编码由前缀标识代码、模块代码、表代码、字段代码、字段值代码五部分组成。物资类别标识码后加"."进行分隔。

4.2 信息编码的表示形式

电力物资供应商信息编码的表示形式如图 1 所示。

4.3 信息编码的规范

4.3.1 前缀标识代码

4.3.1.1 前缀标识代码的用途

前缀标识代码用于唯一标识供应商信息所对应的物资类别。供应商信息物资类别包括基础信息、通用信息和具体物资（如变压器）专用信息三个大的门类。基础信息和通用信息适用于全部物资，专用信息仅适用于特定物资。

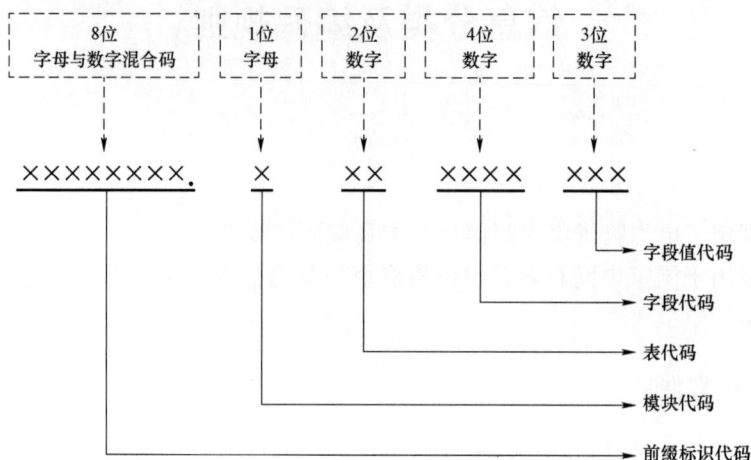

图1 电力物资供应商信息编码表示形式

4.3.1.2 前缀标识代码的规范

前缀标识代码由 8 位字母和数字混合组成。

基础信息门类下不设具体的小类。基础信息的前缀标识代码为"G0000001"。

通用信息门类下不设具体的小类。通用信息的前缀标识代码为"G0000002"。

专用信息门类下设若干个小类，分别对应物料主数据中各个特定的物资名称。例如，交流变压器供应商专用信息下，"G1001001"表示 6kV 交流变压器。各部分专用信息规范中，应标注该专用信息规范适用的物料主数据中的物资名称。

4.3.2 模块代码

模块指供应商信息划分的维度，包括企业信息、财务信息、报告证书、研发设计、生产制造、试验检测、原材料/组部件、售后服务、产品产能共 10 个模块。

4.3.2.1 模块代码的用途

模块代码是供应商信息特定模块维度的唯一标识码，由 1 位英文字母表示。

4.3.2.2 模块代码的规范

模块代码及其对应的供应商信息模块维度如表 1 所示。

表1 供应商信息模块维度及其代码

供应商信息模块维度	模块代码
企业信息	A
财务状况	B
报告证书	C
研发设计	D

表1（续）

供应商信息模块维度	模块代码
生产制造	E
试验检测	F
原材料/组部件	G
售后服务	H
产品产能	I

4.3.3 表代码

表是指供应商信息各个模块纬度下性质相近的信息项目的组合。不允许存在"其他"表。

4.3.3.1 表代码的用途

表代码用于标识特定模块纬度下某个表纬度的代码，隶属于模块。

4.3.3.2 表代码的规范

表代码由2位数字组成，根据各模块纬度下表的顺序，从"01"起，依次编码。若某个表同时出现在不同物资专用信息的相同模块下，则优先对此表进行编码。

4.3.4 字段代码

字段是指供应商具体的某项信息，隶属于表。不允许存在"其他"字段。

4.3.4.1 字段代码的用途

字段代码是用于标识供应商具体某项信息字段的代码。

4.3.4.2 字段代码的规范

字段代码由4位数字组成。

电力物资供应商基础信息中的字段，按照各表下字段的顺序，从"0001"起，依次编码。

通用信息中的字段，按照各表下字段的顺序，从"0101"起，依次编码。

各具体物资专用信息中的字段，按照各表下字段的顺序，从"1001"起，依次编码。若某个字段同时出现在不同物资专用信息的相同表下，则优先对此字段进行编码。

4.3.5 字段值代码

字段值指字段下多项可选属性的选项，如字段"电压等级"下，包含了6kV、10kV、35kV、110kV等多个字段值。

4.3.5.1 字段值代码的用途

字段值代码是用于标识供应商具体某项信息字段下可选属性的代码。

若字段下还存在未全部列出的其他可选属性，则用"其他"来表示。例如，字段"电压等级"下，用"其他"表示该字段下未列出的其余电压等级。

4.3.5.2 字段值代码的规范

字段值代码由3位数字组成，从"001"起，依次编码。对于其他的字段值，用"999"表示。

基 础 信 息

目　　次

基 础 信 息

1 范围

本部分规定了电力物资供应商的企业信息、财务状况等基础信息。

本部分适用于国家电网有限公司供应商资质能力信息核实工作，以及涉及供应商数据的相关应用。

2 规范性引用文件

下列文件对于本文件的应用是必不可少的。凡是注日期的引用文件，仅注日期的版本适用于本文件。凡是不注日期的引用文件，其最新版本（包括所有的修改单）适用于本文件。

GB 11714—1997　全国组织机构代码编制规则

GB/T 2659—2000　世界各国和地区名称代码

GB/T 16987—2002　组织机构代码信息数据库（基本库）数据格式

GB/T 19488.2—2008　电子政务数据元　第 2 部分：公共数据元目录

GB/T 22117—2018　信用　基本术语

GB/T 31286—2014　全国组织机构代码与名称

GB/T 32873—2016　电子商务主体基本信息规范

GB/T 33718—2017　企业合同信用指标指南

GB/T 36104—2018　法人和其他组织统一社会信用代码基础数据元

GB/T 50280—1998　城市规划基本术语标准

JB/T 12516—2015　现代制造服务业　装备制造业　术语

3 术语和定义

下列术语和定义适用于本文件。

3.1

企业信息　corporate information

工商行政管理部门登记的企业从事生产经营活动过程中形成的信息，以及政府部门在履行职责过程中产生的能够反映企业状况的信息。

3.2

财务状况　financial status

企业在某一时刻经营资金的来源和分布状况。

4 企业信息

企业信息主要包括基本信息、法定代表人/负责人、企业联系人等信息，企业信息见附录A。

4.1 基本信息

反映企业登记注册情况的基础信息。

企业信息中的基本信息包括全国组织机构代码、通信地址、邮政编码、国家代码、城市、地区、税号、经营范围、企业简称、公司英文名称、公司介绍、公司成立时间、厂家类别、工商登记号、主管单位、主管单位编码、注册发证单位、注册审核单位、统一信用代码、产权单位。

4.2 法定代表人/负责人

企业信息中法定代表人指的是依照法律或者法人组织章程规定，代表法人行使职权的负责人，是法人的法定代表人。负责人指的是个人独资企业、合伙企业、企业分支机构（分公司、办事处、代表处）等非法人企业的负责人。

企业信息中的法定代表人/负责人信息包括企业法人。

4.3 企业联系人

企业的日常联络人员。

企业信息中的企业联系人信息包括身份证号码、电子邮箱、固定电话、传真。

5 财务状况

财务状况主要包括财务信息等信息，财务状况信息见附录B。

5.1 财务信息

在财务管理中需要的有关资金及其运动的各项信息。

财务状况中的财务信息包括注册资金、注册币种、银行账号、开户银行。

附 录 A
（规范性附录）
企 业 信 息

项目编码					项目名称	说明
基础信息标识代码	模块代码	表代码	字段代码	字段值代码		
G0000001.	A				企业信息	企业信息是指工商行政管理部门登记的企业从事生产经营活动过程中形成的信息，以及政府部门在履行职责过程中产生的能够反映企业状况的信息。
		01			基本信息	反映企业登记注册情况的基础信息。
			0001		全国组织机构代码	由组织机构代码管理部门赋予组织机构的标识。
			0002		通信地址	机构的有效邮政通信地址，包括省（自治区、直辖市、特别行政区）、市（地区、自治州、盟）、县（自治县、市、市辖区、旗、自治旗）乡（镇）、村、街名称和门牌号。
			0003		邮政编码	与通信地址对应的邮政编码。
			0004		国家代码	按照 GB/T 2659 规定的世界各国和地区名称代码，确定本国对应的代码元素。
			0005		城市	以非农业产业和非农业人口集聚为主要特征的居民点。在中国，包括按国家行政建制设立的市、镇。
			0006		地区	作为行政区的地区，包括地级和乡级两种类别。
			0007		税号	即纳税人识别号，是税务部门为纳税人分配的唯一税务登记编号。
			0008		经营范围	由法律、法规规定的组织机构登记机关或批准机关核发的有效证照或批文上的经营范围、宗旨和业务范围或主要职能范围，又称业务范围。
			0009		企业简称	企业较复杂的名称的简化形式。
			0010		公司英文名称	公司根据文字翻译原则自行翻译使用的公司英文全称。
			0011		公司介绍	介绍公司基本情况。

表（续）

项目编码					项目名称	说明
基础信息标识代码	模块代码	表代码	字段代码	字段值代码		
			0012		公司成立时间	由法律、法规规定的组织机构登记机关或批准机关核发的有效证照或批文上的成立日期或批准成立日期，又称注册日期、批准日期。采用 YYYYMMDD 的日期形式。
			0013		厂家类别	企业是自身制造或者属于销售代理。
				001	制造商	对采掘的自然资源或农业生产的原材料进行加工和再加工，为其他经济部门提供生产资料、为社会提供日常消费品的生产制造部门。
				002	贸易商	受制造商委托，负责销售制造商某些特定产品或全部产品的代理商。
				003	设计	
				004	施工	
				005	监理	
				999	其他	其他企业类别。
			0014		工商登记号	企业在国家行政主管部门申请登记注册时，行政主管部门为其分配的统一标识代码。
			0015		主管单位	上级行政主管部门（或业务归口管理、业务主管部门、举办单位）的名称，又称主管机关、业务主管单位、举办单位。
			0016		主管单位编码	上级行政主管部门（或业务归口管理、业务主管部门、举办单位）的统一社会信用代码。
			0017		注册发证单位	
			0018		注册审核单位	
			0019		统一信用代码	每一个法人和其他组织在全国范围内唯一的、终身不变的法定身份识别码。
			0020		产权单位	单位（或机构）产权所有人。
		02			**法定代表人/负责人**	法定代表人：依照法律或者法人组织章程规定，代表法人行使职权的负责人，是法人的法定代表人。负责人：个人独资企业、合伙企业、企业分支机构（分公司、办事处、代表处）等非法人企业的负责人，又称经营者、执行事务合伙人。

表（续）

项目编码					项目名称	说明
基础信息标识代码	模块代码	表代码	字段代码	字段值代码		
			0001		企业法人	依法代表法人行使民事权利，履行民事义务的主要负责人。
		03			**企业联系人**	
			0001		身份证号码	企业联系人身份证件上记载的、可唯一标识个人身份的号码。
			0002		电子邮箱	企业联系人的电子邮件的收发地址。
			0003		固定电话	企业联系人的联系电话号码；完整的电话号码包括国际区号、国内长途区号、本地电话号和分机号，之间用"-"分割。
			0004		传真	企业联系人的传真号码；完整的传真号码包括国际区号、国内长途区号、本地电话号和分机号，之间用"-"分割

附　录　B
（规范性附录）
财　务　状　况

项目编码					项目名称	说明
基础信息标识代码	模块代码	表代码	字段代码	字段值代码		
G0000001.	B				**财务状况**	企业在某一时刻经营资金的来源和分布状况。
		01			**财务信息**	在财务管理中需要的有关资金及其运动的各项信息。
			0001		注册资金	由法律、法规规定的组织机构登记机关或批准机关核发的有效证照或批文上的成立日期或批准成立日期，又称注册日期、批准日期。采用 YYYYMMDD 的日期形式。
			0002		注册币种	根据有效证照或批文上的注册资本、开办资金或注册资金，按照 GB/T 12406 规定的货币种类，用于衡量货币的种类。
			0003		银行账号	银行卡卡号或存折账号，包括银行借记卡和信用卡。每张卡上都有相应的卡号，此号即为银行账号。
			0004		开户银行	在票据清算过程中付款人或收款人开有户头的银行

通 用 信 息

目　　次

通　用　信　息

1　范围

本部分规定了电力物资供应商的通用信息。

本部分适用于国家电网有限公司供应商资质能力信息核实工作，以及涉及供应商数据的相关应用。

2　规范性引用文件

下列文件对于本文件的应用是必不可少的。凡是注日期的引用文件，仅注日期的版本适用于本文件。凡是不注日期的引用文件，其最新版本（包括所有的修改单）适用于本文件。

GB 11714—1997　全国组织机构代码编制规则

GB 32100—2015　法人和其他组织统一社会信用代码编码规则

GB/T 2260—2007　中华人民共和国行政区划代码

GB/T 2900.90—2012　电工术语　电工电子测量和仪器仪表　第4部分：各类仪表

GB/T 4658—2006　学历代码

GB/T 4754—2016　国民经济行业分类

GB/T 12402—2000　经济类型分类与代码

GB/T 12406—2008　表示货币和资金的代码

GB/T 12407—2008　职务级别代码

GB/T 15416—2014　科技报告编号规则

GB/T 16987—2002　组织机构代码信息数据库（基本库）数据格式

GB/T 17242—1998　投诉处理指南

GB/T 18760—2002　消费品售后服务方法与要求

GB/T 19488.2—2008　电子政务数据元　第2部分：公共数据元目录

GB/T 22116—2008　企业信用等级表示方法

GB/T 22117—2018　信用　基本术语

GB/T 22119—2017　信用服务机构　诚信评价业务规范

GB/T 27000—2006　合格评定　词汇和通用原则

GB/T 28001—2011　职业健康安全管理体系　要求

GB/T 31286—2014　全国组织机构代码与名称

GB/T 33718—2017　企业合同信用指标指南

GB/T 34432—2017 售后服务基本术语

GB/T 36104—2018 法人和其他组织统一社会信用代码基础数据元

GB/T 36312—2018 电子商务第三方平台企业信用评价规范

JB/T 12516—2015 现代制造服务业 装备制造业 术语

DL/T 396—2010 电压等级代码

中华人民共和国国务院令第 654 号 企业信息公示暂行条例

中华人民共和国主席令第 15 号 中华人民共和国公司法

中华人民共和国主席令第 18 号 中华人民共和国民法通则

中华人民共和国主席令第 8 号 中华人民共和国专利法

中华人民共和国主席令第 78 号 中华人民共和国标准化法

中华人民共和国国务院令第 666 号 中华人民共和国认证认可条例

发改经体〔2015〕2752 号《国家发展改革委 国家能源局关于印发电力体制改革配套文件的通知》附件 5 关于推进售电侧改革的实施意见

3 术语和定义

下列术语和定义适用于本文件。

3.1

企业信息 corporate information

工商行政管理部门登记的企业从事生产经营活动过程中形成的信息，以及政府部门在履行职责过程中产生的能够反映企业状况的信息。

3.2

财务状况 financial status

企业在某一时刻经营资金的来源和分布状况。

3.3

报告证书 report certificate

具有相应资质、权力的机构或机关等发的证明资格或权力的文件。

3.4

研发设计 research and development design

将需求转换为产品、过程或体系规定的特性或规范的一组过程。

3.5

生产制造 production-manufacturing

生产企业整合相关的生产资源，按预定目标进行系统性的从前端概念设计到产品实现的物化过程。

3.6

试验检测 test verification

用规范的方法检验测试某种物体指定的技术性能指标。

3.7

原材料/组部件　raw material and components

指对于生产某种产品所需的基本原料或组成部件。

3.8

售后服务　after-sale service

设计生产等过程的延续。产品出售后，生产者或销售者对消费者，承担合同约定的有关内容和履行有关法律责任的活动。

3.9

产品产能　product capacity

在计划期内，企业参与生产的全部固定资产，在既定的组织技术条件下，所能生产的产品数量。

4　企业信息

企业信息主要包括基本信息、法定代表人/负责人、公司结构、企业联系人等信息，企业信息见附录 A。

4.1　基本信息

反映企业登记注册情况的基础信息。

企业信息中的基本信息包括公司名称、税务登记证号、统一社会信用代码、营业执照号、注册所在地、公司主页、执照扫描件、行业分类、企业性质、单位类型、企业简介、是否上市公司、营业执照/许可证书签发日期、营业执照有效期至、批准文号、登记机关。

4.2　法定代表人/负责人

企业信息中法定代表人指的是依照法律或者法人组织章程规定，代表法人行使职权的负责人，是法人的法定代表人。负责人指的是个人独资企业、合伙企业、企业分支机构（分公司、办事处、代表处）等非法人企业的负责人。

企业信息中的法定代表人/负责人信息包括姓名、证件类型和证件号码。

4.3　公司结构

为了实现组织的目标，在组织理论指导下，经过组织设计形成的组织内部各个部门、各个层次之间固定的排列方式，即组织内部的构成方式。还包括组织之间的相互关系类型，如专业化协作、经济联合体、企业集团等。

企业信息中的公司结构信息包括公司组织结构图、母公司全称。

4.4　企业联系人

企业的日常联络人员。

企业信息中的企业联系人信息包括姓名、职务、业务范围、手机号码。

5　财务状况

财务状况主要包括财务信息、资信等级证明、审计报告/财务报告、股权结构一览表等信息，财务状况信息见附录 B。

5.1 财务信息

在财务管理中需要的有关资金及其运动的各项信息。

财务状况中的财务信息包括实收资本、基本开户银行、基本户银行账户。

5.2 资信等级证明

征信机构对企（事）业单位进行的合法征信业务活动。

财务状况中的资信等级证明信息包括银行资信等级、出具银行、出具日期、有效期至、银行资信等级证明扫描件、企业信用等级、出具机构、出具日期、有效期至、企业信用等级证明扫描件。

5.3 审计报告/财务报告

审计报告指的是注册会计师根据中国注册会计师审计准则的规定，在实施审计工作的基础上对被审计单位财务报告发表审计意见的书面文件。财务报告指的是企业向财务会计报告使用者提供与企业财务状况、经营成果和现金流量等有关会计信息，反映企业管理层受托责任履行情况的书面报告。

财务状况中的审计报告/财务报告信息包括审计年度、审计报告类型、审计报告意见、资产总额、负债总额、资产负债率、流动资产、流动负债、流动比率、主营业务收入净额、实收资本、净利润、净资产、经营活动现金流量净额、经营活动现金流入小计、审计报告/财务报告扫描件。

5.4 股权结构一览表

股份公司总股本中，不同性质的股份所占的比例及其相互关系。

财务状况中的股权结构一览表模型包括股东名称、出资比例、股权结构证明文件扫描件。

6 报告证书

报告证书包括管理体系认证一览表等信息，报告证书信息见附录 C。

6.1 管理体系认证一览表

与管理体系有关的第三方证明。

报告证书中的管理体系认证一览表模型主要包括证书编号、证书名称、认证范围、认证日期、有效期至、认证机构、证书扫描件。

7 研发设计

研发设计主要包括设计软件一览表、设计图纸表、主要设计研发人员一览表、技术来源与支持、研发设计内容（选填）、产品专利一览表、软件著作权一览表、参与制定的标准一览表、产品获奖情况、高新（创新）企业证书等信息，研发设计信息见附录 D。

7.1 设计软件一览表

设计软件一览表模型包括设计软件类别、设计软件名称、设计软件开发商、设计软件来源、升级方式。

7.2 设计图纸表

设计图纸表包括图纸类型、设计图纸名称、设计图纸用途、设计图纸来源、升级方式。

7.3 主要设计研发人员一览表

主要设计研发人员一览表模型包括姓名、岗位名称、学历、职称、职称证书编号、职称证书出具机构。

7.4 技术来源与支持

技术来源与支持包括是否为国家认定的企业技术中心、是否自主研发、技术来源、技术支持、技术改造、技术先进性。

7.5 研发设计内容

研发设计内容包括新产品研发情况、新材料研发情况、关键工艺技术、质量可靠方面的研究情况、新型设计软件开发情况。

7.6 产品专利一览表

一般指产品、科技的研究和开发。

产品专利一览表模型包括专利类型、专利名称、专利号、专利权人、专利申请日、证书出具机构、授权公告日、专利扫描件。

7.7 软件著作权一览表

软件著作权一览表模型包括软件著作权名称、著作权人、证书号、首次发表日期、出具机构、证书扫描件。

7.8 参与制定的标准一览表

参与制定的标准一览表模型包括标准类型、标准编号、标准名称、参与程度、参与制定标准的人员姓名、标准扫描件。

7.9 产品获奖情况

产品获奖情况包括获奖等级、完成形式、主要完成/参与人员、奖励名称、获奖项目名称、获奖日期、颁发机构。

7.10 高新（创新）企业证书

高新（创新）技术企业一般指在国家颁布的《国家重点支持的高新技术领域》范围内，持续进行研究开发与技术成果转化，形成企业核心自主知识产权，并以此为基础开展经营活动的居民企业，是知识密集、技术密集的经济实体。

研发设计中的高新（创新）企业证书包括证书编号、发证单位、发证单位归属地、有效期至、证书扫描件。

8 生产制造

生产制造主要包括人员情况一览表、关键岗位持证人员一览表等信息，生产制造信息见附录 E。

8.1 人员情况一览表

公司内部的与人员相关的情况。

生产制造中的人员情况一览表模型包括从业人数、员工人数、高级职称人员数量、中级职称人员数量、硕士研究生学历人员数量、博士研究生学历人员数量。

8.2 关键岗位持证人员一览表

生产制造中的关键岗位持证人员一览表模型包括岗位名称、姓名、身份证号码、学历、资质证书名称、资质证书编号、资质证书出具机构、资质证书出具时间、有效期至、资质证书扫描件。

9 试验检测

试验检测主要包括现场抽查报告记录、试验检测管理情况表等信息，试验检测信息见附录 F。

9.1 现场抽查报告记录

试验检测中的现场抽查报告记录包括适用的产品类别、现场抽查报告时间、产品类别、抽查报告类型、抽查报告编号、报告抽查结果。

9.2 试验检测管理情况表

试验检测中的试验检测管理情况表包括产品类别、试验检测管理文件类型、试验检测管理文件名称、是否具有相应记录、整体执行情况、检测文件扫描件。

10 原材料/组部件

原材料/组部件主要包括原材料/组部件管理、委外加工项目一览表、现场原材料抽样测量记录表等信息，原材料/组部件见附录 G。

10.1 原材料/组部件管理

原材料是指企业在生产过程中经加工改变其形态或性质并构成产品主要实体的各种原料及主要材料、辅助材料、燃料、修理备用件、包装材料、外购半成品等。原材料/组部件管理指对于生产某种产品所需的基本原料或组成部件的相应管理。

原材料/组部件管理包括适用的产品类别、原材料/组部件管理文件类型、原材料/组部件管理文件名称、是否具有相应记录、整体执行情况、管理文件扫描件。

10.2 委外加工项目一览表

委外是指将工作委托给其他具有相关资质的单位实施。

原材料/组部件中的委外加工项目一览表模型包括委外加工项目名称、委外加工单位名称、委外合作方式、委外检测方式。

10.3 现场原材料抽样测量记录表

原材料/组部件中的现场原材料抽样测量记录表包括产品类别、原材料/组部件名称、原材料/组部件采购合同、原材料/组部件出厂检测报告、原材料/组部件入厂检测记录、原材料/组部件存放环境。

11 售后服务

售后服务主要包括售后服务情况、售后服务管理文件名称列表、主要售后服务人员一览表等信息，售后服务信息见附录 H。

11.1 售后服务情况

设计生产等过程的延续，产品出售后，生产者或销售者对消费者，承担合同约定的有关内容和履行有关法律责任的活动情况。

售后服务情况主要包括售后网点所在省份、售后服务网点数量、售后服务人数和售后服务响应时限。

11.2 售后服务管理文件名称列表

售后服务管理文件名称列表包括售后服务管理文件名称。

11.3 主要售后服务人员一览表

主要售后服务人员一览表模型主要包括姓名、岗位名称、服务地域范围、学历、从事本行业工作年限、是否具有资质证书、证书出具机构、是否具有培训证明和培训时间。

12 产品产能

产品产能主要包括生产能力表等信息，产品产能信息见附录 I。

12.1 生产能力表

在计划期内，企业参与生产的全部固定资产，在既定的组织技术条件下所能生产的产品数量，或者能够处理的原材料数量。

生产能力表包括产品产能电压等级、设计年生产能力、单一产品年生产能力、年产能单位、产能计算报告。

附 录 A
（规范性附录）
企 业 信 息

项目编码					项目名称	说明
通用信息标识代码	模块代码	表代码	字段代码	字段值代码		
G0000002.	A				企业信息	企业信息是指工商行政管理部门登记的企业从事生产经营活动过程中形成的信息，以及政府部门在履行职责过程中产生的能够反映企业状况的信息。
		01			基本信息	反映企业登记注册情况的基础信息。
			0101		公司名称	一个机构的中文名称，该名称须经登记管理部门所核准应使用机构的全称。
			0102		税务登记证号	在税务机构的登记证号码。
			0103		统一社会信用代码	每一个法人和其他组织在全国范围内唯一的、终身不变的法定身份识别码。
			0104		营业执照号	营业执照标明的企业登记注册号。
			0105		注册所在地	公司营业执照发证机关所属省、市、县（区）。
			0106		注册地址	机构登记管理部门核发的有效证照或批文上登记的住所地址。
			0107		公司主页	公司的互联网地址。
			0108		执照扫描件	用扫描仪将营业执照正本或者副本扫描保存在电脑里面，以电子文件的形式展现出来的营业执照的表现形式。
			0109		行业分类	企业所处的行业类别，按国民经济行业划分。
			0110		企业性质	按不同资本（资金来源和资本组合方式）划分的经济组织和其他组织机构的类别。
				001	政府部门	在我国境内通过政治程序建立的、在一特定区域内对其他机构单位拥有立法、司法和行政权的法律实体及其附属单位。
				002	国资委管理的中央企业	由国务院国资委管理的中央企业，来源于国务院国有资产监督管理委员会官网—央企名录。

表（续）

项目编码					项目名称	说明
通用信息标识代码	模块代码	表代码	字段代码	字段值代码		
				003	财政部、中央汇金公司管理的中央企业	由财政部、中央汇金公司管理的中央企业，属于金融行业。
				004	国务院其他部门或群众团体管理的中央企业	由国务院其他部门或群众团体管理的中央企业，属于烟草、黄金、铁路客货运、港口、机场、广播、电视、文化、出版等行业。
				005	地方国有企业	由地方政府监督管理的国有企业。
				006	民营企业	在中国境内除国有企业、国有资产控股企业、外商投资企业和集体所有制企业以外的所有企业，包括个人独资企业、合伙制企业、有限责任公司和股份有限公司。
				007	外商企业	依照中国法律在中国境内设立的，由中国投资者与外国投资者共同投资，或者由外国投资者单独投资的企业。
				008	集体所有制企业	财产属于劳动群众集体所有，实行共同劳动，在分配方式上以按劳分配为主体的社会主义经济组织。
			0111		单位类型	以企业登记机关、机构编制管理机关和社会团体登记机关核定或确定的类型为准，参照其他法律、法规规定的组织机构等级或批准机关核定或确定的类型。
				001	企业非法人	经工商行政管理机关登记注册，从事营利性生产经营活动，但不具有法人资格的经济组织。
				002	事业法人	依靠国家预算拨款，从事非营利性的社会公益事业活动的各类法人组织。
				003	事业非法人	依靠国家预算拨款，从事非营利性的社会公益事业活动，设有代表人或管理人但未取得法人资格。
				004	社团法人	为实现一定目的，由一定数目社员结合而设立的法人。
				005	社团非法人	为实现一定目的，由一定数目社员结合而设立的非法人。
				006	机关法人	依法行使国家权力，并因行使国家权力的需要而享有相应的民事权利能力和民事行为能力的国家机关。

24

表（续）

项目编码					项目名称	说明
通用信息标识代码	模块代码	表代码	字段代码	字段值代码		
				007	机关非法人	依法享有国家赋予的权力,但不具有法人资格。
				999	其他	其他单位类型。
			0112		企业简介	企业简明扼要的介绍。
			0113		是否上市公司	上市公司是指所公开发行的股票经过国务院或者国务院授权的证券管理部门批准在证券交易所上市交易的股份有限公司;非上市公司是指其股票没有上市和没有在证券交易所交易的股份有限公司。
			0114		营业执照/许可证书签发日期	营业执照标明的登记日期,又称核准日期、发证日期(如律师事务所许可证书),采用 YYYYMMDD 的日期形式。
			0115		营业执照有效期至	营业执照标识的存续有效期的截止日,又称营业期限、经验期限、合伙期限,采用 YYYYMMDD 的日期形式。
			0116		批准文号	批准机关出具的批准文件号。
			0117		登记机关	指企业核准注册登记机关的名称,机构编制赋码机关的名称,事业单位登记管理机关的名称,社会团体登记机关的名称,其他合法的注册或登记管理机构的名称。应填写全称。又称登记管理机关、开证机关。
		02			法定代表人/负责人	法定代表人:依照法律或者法人组织章程规定,代表法人行使职权的负责人,是法人的法定代表人。负责人:个人独资企业、合伙企业、企业分支机构(分公司、办事处、代表处)等非法人企业的负责人,又称经营者、执行事务合伙人。
			0101		姓名	由法律、法规规定的组织机构登记机关或批准机关核发的有效证照或批文上的法定代表人姓名或负责人姓名。
			0102		证件类型	法定代表人(或负责人)有效身份证件类型名称。
				001	身份证	一般居民证明身份的证件。
				002	护照	华侨、外籍人士证明身份的证件。

表（续）

项目编码					项目名称	说明
通用信息标识代码	模块代码	表代码	字段代码	字段值代码		
			0103		证件号码	登记管理部门登记的法定代表人或负责人有效身份证件的号码。
		03			公司结构	是为了实现组织的目标,在组织理论指导下,经过组织设计形成的组织内部各个部门、各个层次之间固定的排列方式,即组织内部的构成方式;还包括组织之间的相互关系类型,如专业化协作、经济联合体、企业集团等。
			0101		公司组织结构图	将企业组织分成若干部分,并且标明各部分之间可能存在的各种关系。
			0102		母公司全称	实际控制公司的母公司名称。
		04			企业联系人	企业的日常联络人员。
			0101		姓名	日常联络人员姓名。
			0102		职务	企业联系人担任企业职务的具体名称。
			0103		业务范围	企业联系人在企业具体需要处理的事务。
				001	投标	投标人(卖方)应招标人的邀请,根据招标通告或招标单所规定的条件,在规定的期限内,向招标人递盘的行为。
				002	核实	审核材料是否属实。
				003	合同	根据合同进行项目的监督和言理等活动。
				004	售后	交易完成后进行的相关活动。
			0104		手机号码	企业联系人的移动电话号码

附 录 B
（规范性附录）
财 务 状 况

项目编码					项目名称	说明
通用信息标识代码	模块代码	表代码	字段代码	字段值代码		
G0000002.	B				财务状况	企业在某一时刻经营资金的来源和分布状况。
		01			财务信息	在财务管理中需要的有关资金及其运动的各项信息。
			0101		实收资本	投资者按照企业章程，或合同、协议的约定，实际投入企业的资本。
			0102		基本户开户银行	企业办理日常转账结算和现金收付的开户银行名称。
			0103		基本户银行账户	企业办理日常转账结算和现金收付的账户在银行的唯一标识号码。
		02			资信等级证明	征信机构对企（事）业单位进行的合法征信业务活动。
			0101		银行资信等级	银行对企（事）业单位进行合法征信业务活动后出具的资信等级证书。
			0102		出具银行	出具资信证明函件来证明客户信誉状况的银行名称。
			0103		出具日期	资信等级证书有效期的起始年月日，采用 YYYYMMDD 的日期形式。
			0104		有效期至	资信等级证书有效期的终止年月日，采用 YYYYMMDD 的日期形式。
			0105		银行资信等级证明扫描件	用扫描仪将营业执照正本或者副本扫描保存在电脑里面，以电子文件的形式展现出来的银行资信等级证明的表现形式。
			0106		企业信用等级	用既定的符号标识评级企业未来偿还能力及偿还意愿可能性的级别结果，企业信用等级表示方法：按照信用程度原则上从高到低分为 A、B、C、D 四等，每等可进一步细分为级。
			0107		出具机构	对企业信用等级进行评定的金融机构或其授权机构的中文全称。

表（续）

项目编码					项目名称	说明
通用信息标识代码	模块代码	表代码	字段代码	字段值代码		
				0108	出具日期	评级机构信用评级报告出具日期，采用 YYYYMMDD 的日期形式。
				0109	有效期至	主体信用评级等级生效起始日起一年内最后一天的日期；债券信用评级等级终止日期为债券存续期最后一日，采用 YYYYMMDD 的日期形式。
				0110	企业信用等级证明扫描件	用扫描仪将企业信用等级证明正本扫描保存在电脑里面，以照片的形式展现出来的信用等级证明。
		03			**审计报告/财务报告**	审计报告：注册会计师根据中国注册会计师审计准则的规定，在实施审计工作的基础上对被审计单位财务报表发表审计意见的书面文件。财务报告：企业向财务会计报告使用者提供与企业财务状况、经营成果和现金流量等有关会计信息，反映企业管理层受托责任履行情况的书面报告。
			0101		审计年度	所审计的会计报表所属年度。
			0102		审计报告类型	审计报告的类型，如年度财务审计、专项审计、其他。
				001	年度财务审计	审计机构在被审计单位会计年度结束时，对其全年的凭证、账目、报表等会计资料及其反映的经济活动所进行的审计。
				002	专项审计	审计机构对被审单位特定事项进行的审核、稽查。
				999	其他	其余审计报告类型。
			0103		审计报告意见	审计报告共有 4 种基本类型，无保留意见、保留意见、否定意见和无法表达意见。
				001	无保留意见	
				002	保留意见	
				003	否定意见	
				004	无法表达意见	
			0104		资产总额	合并资产负债表中的总资产额。

表（续）

项目编码					项目名称	说明
通用信息标识代码	模块代码	表代码	字段代码	字段值代码		
			0105		负债总额	企业所承担的能以货币计量，将以资产或劳务偿付的债务；其偿付形式可以用货币，也可以用资产或提供劳务的方式进行；负债一般按其偿还期长短分为流动负债和长期负债、递延税项等。
			0106		资产负债率	企业负债总额/资产总额，用于评价企业的长期偿债能力。
			0107		流动资产	可以在1年或者超过1年的一个营业周期内变现或耗用的资产，主要包括现金、银行存款、短期投资、应收及预付款项、待摊费用、存货等。
			0108		流动负债	将在1年（含1年）或者超过1年的一个营业周期内偿还的债务，包括短期借款、应付票据、应付账款、预收账款、应付工资、应付福利费、应付股利、应交税金、其他暂收应付款项、预提费用和一年内到期的长期借款等。
			0109		流动比率	企业流动资产/流动负债，用于评价企业的短期偿债能力。
			0110		主营业务收入净额	企业当期主要经营活动所取得的收入减去折扣与折让后的数额，数据可取自利润及利润分配表。
			0111		实收资本	投资者按照企业章程，或合同、协议的约定，实际投入企业的资本。
			0112		净利润	在利润总额中按规定缴纳了所得税后公司的利润留成，一般也称为税后利润或净利润。
			0113		净资产	会计主体所有资产减去所有负债后的差额，用会计等式表示为：资产−负债=净资产。
			0114		经营活动现金流量净额	经营现金毛流量扣除经营运资本增加后企业可提供的现金流量。
			0115		经营活动现金流入小计	投资项目寿命周期内发生的现金流入量；现金流入量主要包括：① 营业收入；指投资项目正常经营后的整个寿命周期内，每期相对均匀发生的营业现金收入或营运成本的降低额；② 其他收入；指投资项目寿命周期内于某期发生的固定资产中途变价收入和投资项目寿命期满时所发生的固定资产残值收入及净流动资金收回等。

项目编码					项目名称	说明
通用信息标识代码	模块代码	表代码	字段代码	字段值代码		
			0116		审计报告/财务报表扫描件	用扫描仪将财务报告/财务报表证明正本/副本扫描保存在电脑里面，以照片的形式展现出来的财务报告/财务报表的表现形式。
		04			**股权结构一览表**	股份公司总股本中，不同性质的股份所占的比例及其相互关系。
			0101		股东名称	对股份公司债务负有限或无限责任，并凭持有股票享受股息和红利的个人或单位名称。
			0102		出资比例	合营企业的合营各方在筹办时协商各自出资的比例标准，应在合营合同、章程中加以确定。
			0103		股权结构证明文件扫描件	用扫描仪将股权结构证明正本扫描保存在电脑里面，以照片的形式展现出来的股权结构证明的表现形式

附 录 C
（规范性附录）
报 告 证 书

项目编码					项目名称	说明
通用信息 标识代码	模块 代码	表 代码	字段 代码	字段值 代码		
G0000002.	C				**报告证书**	由机关等发的证明资格或权力的文件。
		01			**管理体系认证一览表**	与管理体系有关的第三方证明。
			0101		证书编号	认证证书上标明的编号。
			0102		证书名称	认证证书上标明的名称全称。
				001	质量管理体系认证	由第三方公证机构依据公开发布的环境管理体系标准（ISO14000 环境管理系列标准），对企业的环境管理体系实施评定，评定合格的由第三方机构颁发环境管理体系认证证书，并给予注册公布，证明企业具有按既定环境保护标准和法规要求提供产品或服务的环境保证能力。
				002	职业健康安全管理体系认证	与制定和实施组织的职业健康安全方针并管理其职业健康安全风险有关的第三方认证。
				003	环境管理体系认证	由取得质量管理体系认证资格的第三方认证机构，依据正式发布的质量管理体系标准，对企业的质量管理体系实施评定，评定合格的由第三方机构颁发质量管理体系认证证书，并给予注册公布，以证明企业质量管理和质量保证能力符合相应标准或有能力按规定的质量要求提供产品的活动。
			0103		认证范围	证明所覆盖的合格评定对象的范围或特性。
			0104		认证日期	认证证书有效期的起始年月日，采用 YYYYMMDD 的日期形式。
			0105		有效期至	认证证书有效期的截止年月日，采用 YYYYMMDD 的日期形式。
			0106		认证机构	经国务院认证认可监督管理部门批准，并依法取得法人资格，有某种资质，可从事批准范围内的认证活动的机构。
			0107		证书扫描件	用扫描仪将认证证书正本扫描保存在电脑里面，以电子文件的形式展现出来的认证证书的表现形式

附 录 D
（规范性附录）
研 发 设 计

项目编码					项目名称	说明
通用信息标识代码	模块代码	表代码	字段代码	字段值代码		
G0000002.	D				**研发设计**	
		01			**设计软件一览表**	
			0101		设计软件类别	按软件功能和用途等进行划分的分类名称。
			0102		设计软件名称	软件的专属名称。
			0103		设计软件开发商	研发设计软件的开发商名称。
			0104		设计软件来源	设计软件的来源。
				001	自主研发	企业通过自有资源开展设计并获得设计成果。
				002	购买	通过转让资产、承担负债或发行股票等方式，由一个企业获得对另一个企业净资产和经营权控制的合并行为。
				003	租用	在约定的期间内，出租人将资产使用权让与承租人以获取租金的行为。
				999	其他	其他来源。
			0105		升级方式	获取新版本或新功能所采取的方式，如付费、自主升级等。
		02			**设计图纸表**	
			0101		图纸类型	标有尺寸、方位及技术参数等施工所需细节和业主希望修建的工程实物的图示表达类型。
				001	工程图册	
				002	国网典设图册	由国家电网公司颁发的典型设计图册。
				999	其他	其他图纸类型。
			0102		设计图纸名称	设计图纸的名字。
			0103		设计图纸用途	设计图纸应用的方面、范围。
				001	组部件设计	对某种产品组成部件开展设计。

表（续）

项目编码					项目名称	说明
通用信息标识代码	模块代码	表代码	字段代码	字段值代码		
				002	结构设计	产品开发环节中结构设计工程师根据产品功能而进行的内部结构的设计工作。
				999	其他	除上述途径以外，其他的设计图纸用途。
			0104		设计图纸来源	设计图纸的来源。
				001	用户提供	由需求方提供的图纸。
				002	自主设计	由企业通过自有资源开展设计并获得设计成果。
				003	购买	通过转让资产、承担负债或发行股票等方式，由一个企业获得对另一个企业净资产和经营权控制的合并行为。
				004	租用	在约定的期间内，出租人将资产使用权让与承租人以获取租金的行为。
				999	其他	除上述来源以外，其他的设计图纸来源。
			0105		升级方式	获取新版本或新功能所采取的方式。
		03			主要设计研发人员一览表	
			0101		姓名	从事设计研发的本企业人员姓名。
			0102		岗位名称	从事设计研发的本企业人员岗位名称。
			0103		学历	经教育行政部门批准，实施学历教育、由国家认可的拥有文凭颁发权力的学校及其他教育机构所颁发的学历证书。
				001	硕士及以上	取得硕士研究生及以上毕业证书。
				002	本科	即大学本科，是高等教育的基本组成部分，学生毕业后一般可获"学士"学位。
				999	其他	除上述以外，其他学历。
			0104		职称	专业技术人员的专业技术水平、能力，以及成就的等级称号，是反映专业技术人员的技术水平、工作能力的标志。

表（续）

项目编码					项目名称	说明
通用信息标识代码	模块代码	表代码	字段代码	字段值代码		
				001	高级	高级职称是职称中的最高级别，分正高级和副高级两类。
				002	中级	介于高级和初级之间的职称。
				999	其他	除上述以外，其他等级。
			0105		职称证书编号	职称证书上对应的证书编号。
			0106		职称证书出具机构	职称证书上对应的发证单位。
		04			**技术来源与支持**	
			0101		是否为国家认定的企业技术中心	是否拥有国家相关部门颁发的企业技术中心资质并在国家相关网站上可查询。
			0102		是否自主研发	企业是否通过自有资源开展设计研发。
			0103		技术来源	某种产品在研发和生产（制造）过程中所运用的技术名称及出处。
			0104		技术支持	某种产品在研发和生产（制造）过程中所获得的支持机构名称。
			0105		技术改造	企业采用先进的、适用的新技术、新工艺、新设备、新材料等对现有设施、生产工艺条件进行的改造。
			0106		技术先进性	代表一个历史时期较高水平的和对社会经济发展起着领先作用的技术。此处主要指优于其他同类技术的部分。
		05			**研发设计内容（选填）**	一般指产品、科技的研究和开发。
			0101		新产品研发情况	采用新技术原理、新设计构思研制、生产的全新产品，或在结构、材质、工艺等某一方面比原有产品有明显改进，从而显著提高了产品性能或扩大了使用功能的产品研发情况。
			0102		新材料研发情况	新近发展或正在发展的具有优异性能的结构材料和有特殊性质的功能材料研发情况。
			0103		关键工艺技术、质量可靠方面的研究情况	工艺技术包括从原料投入到产品包装全过程的原料配方、工艺路线、工艺流程、工艺流程图、工艺步骤、工艺指标、操作要点、工艺控制等。

表（续）

项目编码					项目名称	说明
通用信息标识代码	模块代码	表代码	字段代码	字段值代码		
			0104		新型设计软件开发情况	对新式设计软件的开拓和利用情况。
		06			**产品专利一览表**	
			0101		专利类型	根据发明的基本功能又兼顾技术所属领域而编制成的分类体系，分为发明、实用新型、外观设计三种。
				001	实用新型专利	实用新型是指对产品的形状、构造或者其结合所提出的适于实用的新的技术方案。
				002	发明专利	发明是指对产品、方法或者其改进所提出的新的技术方案。授予专利权的发明，应当具备新颖性、创造性和实用性。
				003	外观设计	对产品的形状、图案或者其结合以及色彩与形状、图案的结合所作出的富有美感并适于工业应用的新设计。
			0102		专利名称	为了识别某一项专利的专属名词。
			0103		专利号	在授予专利权时给出的编号，是文献号的一种。
			0104		专利权人	可以申请并取得专利权的单位或个人，也就是专利权的主体。
			0105		专利申请日	国务院专利行政部门收到专利申请文件的日期，采用 YYYYMMDD 的日期形式。
			0106		证书出具机构	专利证书上的颁发部门。
			0107		授权公告日	国务院专利行政部门公告授予专利权的日期。
			0108		专利扫描件	用扫描仪将专利证书扫描保存在电脑里面，以电子文件的形式展现出来的专利证书。
		07			**软件著作权一览表**	
			0101		软件著作权名称	获得软件著作权的软件名称。
			0102		著作权人	依法对文学、艺术和科学作品享有著作权的人。
			0103		证书号	即证明编号，在新的证书上称为证书号（也称软著登字第号）。

表（续）

项目编码					项目名称	说明
通用信息标识代码	模块代码	表代码	字段代码	字段值代码		
			0104		首次发表日期	著作权人首次公开发表软件的日期。
			0105		出具机构	有权出具著作权证书的法定机构名称，如中华人民共和国国家版权局。
			0106		证书扫描件	用扫描仪将证书扫描保存在电脑里面，以电子文件的形式展现出来的证书的表现形式。
		08			**参与制定的标准一览表**	
			0101		标准类型	标准的性质或类别。
				001	国际标准	国际标准化组织（ISO）、国际电工委员会（IEC）和国际电信联盟（ITU）制定的标准，以及国际标准化组织确认并公布的其他国际组织制定的标准。
				002	国家标准	由国务院批准发布或者授权批准发布的标准，分为强制性国家标准和推荐性国家标准。
				003	行业标准	由国务院有关行政主管部门制定，报国务院标准化行政主管部门备案的标准。
				004	团体标准	由团体按照团体确立的标准制定程序自主制定发布，由社会自愿采用的标准。
				005	企业标准	企业标准是在企业范围内需要协调、统一的技术要求、管理要求和工作要求所制定的标准，是企业组织生产、经营活动的依据。
			0102		标准编号	标准应当按照编号规则进行的编号。标准编号有国际标准编号和我国的国家标准编号两种，国际标准基本结构为：标准代号+专业类号+顺序号+年代号；中国标准的编号由标准代号、标准发布顺序和标准发布年代号构成。
			0103		标准名称	规范性的必备要素，可直接反映标准化对象的范围和特征，关系到标准信息的传播效果。
			0104		参与程度	对标准内容的贡献程度。
				001	主要起草	制定标准工作中关系最大、起决定作用的。

表（续）

项目编码					项目名称	说明
通用信息标识代码	模块代码	表代码	字段代码	字段值代码		
				002	参与起草	制定标准工作中起辅助作用，是以第二或第三方的身份加入、融入之中。
			0105		参与制定标准的人员姓名	参与制定标准的人员的姓名列表。
			0106		标准扫描件	用扫描仪将标准扫描保存在电脑里面，以电子文件的形式展现出来的标准的表现形式。
		09			**产品获奖情况**	
			0101		获奖等级	获奖证书的颁发者的级别。
				001	国家级	为奖励在科技进步活动中做出突出贡献的公民、组织，由国务院设立的五项国家科学技术奖：国家最高科学技术奖、国家自然科学奖、国家技术发明奖、国家科学技术进步奖和中华人民共和国国际科学技术合作奖。
				002	省部级	中华人民共和国各省、自治区、直辖市党委或人民政府直接授予的奖励，教育部、文化部、公安部、国家国防科技工业局等国家部委和中国人民解放军直接授予的奖励。
				003	地市级	介于省级行政区与县级行政区之间的行政单位颁发的奖项。
			0102		完成形式	完成的方法，分为独立完成或参与完成。
			0103		主要完成/参与人员	独立完成或参与完成的人员姓名。
			0104		奖励名称	产品获得奖励的类型名称，如"××省科技进步奖"。
			0105		获奖项目名称	获得奖励的具体项目的名称。
			0106		获奖日期	产品所获奖励（证书等）的落款日期。
			0107		颁发机构	颁发产品所获奖励（证书等）的主管机构。
		10			**高新（创新）企业证书**	根据《高新技术企业新认定管理办法》，由科委会等审核并向通过申请的企业颁发的高新技术企业证书。
			0101		证书编号	证书上利用有序或无序的任意符号按顺序编号数或者编定的号数。

表（续）

项目编码					项目名称	说明
通用信息标识代码	模块代码	表代码	字段代码	字段值代码		
			0102		发证单位	颁发证书的机构名称。
			0103		发证单位归属地	颁发高新技术企业证书的单位所属区域，归属地的单位是市。
			0104		有效期至	证书有效的截止日期。
			0105		证书扫描件	用扫描仪将证书扫描保存在电脑里面，以电子文件的形式展现出来的证书

附 录 E
（规范性附录）
生 产 制 造

项目编码					项目名称	说明
通用信息标识代码	模块代码	表代码	字段代码	字段值代码		
G0000002.	E				**生产制造**	生产企业整合相关的生产资源，按预定目标进行系统性的从前端概念设计到产品实现的物化过程。
		01			**人员情况一览表**	公司内部的与人员相关的情况。
			0101		从业人数	在企业中工作，取得劳动报酬或经营收入的人员总数。
			0102		员工人数	签订正式劳务合同的工作人员数量。
			0103		高级职称人员数量	具有高级职务级别的人员数量。
			0104		中级职称人员数量	具有中级职务级别的人员数量。
			0105		硕士研究生学历人员数量	在教育机构接受科学、文化知识训练并获得国家教育行政部门认可的硕士研究生学历证书的人员数量。
			0106		博士研究生学历人员数量	在教育机构接受科学、文化知识训练并获得国家教育行政部门认可的博士研究生学历证书的人员数量。
		02			**关键岗位持证人员一览表**	
			0101		岗位名称	生产技术人员在公司岗位名录中的岗位名称。
			0102		姓名	在户籍管理部门正式登记注册、人事档案中正式记载的姓氏名称。
			0103		身份证号码	企业联系人身份证件上记载的、可唯一标识个人身份的号码。
			0104		学历	受教育者在教育机构接受科学、文化知识训练并获得国家教育行政部门认可的学历证书的经历的名称。
				001	博士	
				002	硕士	
				003	本科	
				004	专科	

表（续）

项目编码					项目名称	说明
通用信息标识代码	模块代码	表代码	字段代码	字段值代码		
				999	其他	其他学历。
			0105		资质证书名称	行业资质等级的名称。
			0106		资质证书编号	资质证书的编号或号码。
			0107		资质证书出具机构	资质评定机关的中文全称。
			0108		资质证书出具时间	资质评定机关核发资质证书的年月日，采用 YYYYMMDD 的日期形式。
			0109		有效期至	资质证书登记的有效期的终止日期，采用 YYYYMMDD 的日期形式。
			0110		资质证书扫描件	用扫描仪将资质证书正本扫描保存在电脑里面，以照片的形式展现出来的资质证书的表现形式

附 录 F
（规范性附录）
试 验 检 测

项目编码					项目名称	说明
通用信息标识代码	模块代码	表代码	字段代码	字段值代码		
G0000002.	F				试验检测	
		01			现场抽查报告记录	
			0101		适用的产品类别	实际抽样的产品类别可用来代表该类产品的试验。
			0102		现场抽查报告时间	现场抽查报告的时间。
			0103		产品类别	将产品以电压等级+小类进行归类。
			0104		抽查报告类型	
				001	出厂试验报告及原始记录	用于确定产品其是否符合出场某一准则而进行的试验的报告及其试验原始记录。
				002	检测报告	检验机构应申请检验人要求，对产品进行检测后出具的一份客观的书面证明文件。
				999	其他	除上述以外，其他抽查报告类型。
			0105		抽查报告编号	抽查报告上采用字母、数字混合字符组成的用以标识检测报告的完整的、格式化的一组代码。
			0106		报告抽查结果	报告抽查的结果。
		02			试验检测管理情况表	
			0101		产品类别	将产品以电压等级+小类进行归类。
			0102		试验检测管理文件类型	
				001	试验规章制度	制定的组织试验过程和进行试验管理的规则和制度的总和。
				002	试验操作规程	主要是针对电气设备进行高压试验的操作规定及操作指导。
			0103		试验检测管理文件名称	试验检测管理文件的专用称呼。
			0104		是否具有相应记录	是否将试验检测管理的整个流程用一定的方式记录下来。

表（续）

项目编码					项目名称	说明
通用信息标识代码	模块代码	表代码	字段代码	字段值代码		
			0105		整体执行情况	总体执行情况。
				001	良好	整体执行情况良好。
				002	一般	整体执行情况一般。
				003	较差	整体执行情况较差。
			0106		检测文件扫描件	用扫描仪将检测文件扫描保存在电脑里面，以电子文件的形式展现出来的检测文件的表现形式

附 录 G
（规范性附录）
原 材 料／组 部 件

项目编码					项目名称	说明
通用信息标识代码	模块代码	表代码	字段代码	字段值代码		
G0000002.	G				**原材料／组部件**	原材料指生产某种产品的基本原则；组成部件指某种产品的组成部件。
		01			**原材料／组部件管理**	对于生产某种产品所需的基本原料或组成部件的相应管理。
			0101		适用的产品类别	将产品以电压等级+小类进行归类。
			0102		原材料／组部件管理文件类型	原材料／组部件管理文件的类型。
				001	原材料／组部件供应商筛选制度/文件	一般为规范供应商管理，提高供应商质量，对供应商进行筛选的相关管理制度、标准、文件等。
				002	原材料／组部件进厂检验制度/文件	一般为规范物料管理，对原材料／组部件进厂检验方面制定的相关管理制度、标准、文件等。
				003	原材料／组部件出入库制度/文件	一般为规范物料管理，对原材料／组部件出库、入库等方面制定的相关管理制度、标准、文件等。
				004	原材料／组部件现场管理制度/文件	一般包括对原材料／组部件存放现场相关的存放/摆放布置要求、储存要求、定期检查要求、现场管理要求等方面制定的相关制度/文件。
				005	产品检验管理制度/文件	用工具、仪器或其他分析方法检查各种原材料、半成品、成品是否符合特定的技术标准和规格这一工作过程中的管理制度/文件。
				006	管理制度	对一定的管理机制、管理原则、管理方法以及管理机构设置的规范制度。
				007	操作规程	有权部门为保证本部门的生产、工作能够安全、稳定、有效运转而制定的，相关人员在操作设备或办理业务时必须遵循的程序或步骤。
				008	试验标准	以产品性能与质量方面的检测、试验方法为对象而制定的标准。
				999	其他	其他文件类型。

表（续）

项目编码					项目名称	说明
通用信息标识代码	模块代码	表代码	字段代码	字段值代码		
			0103		原材料/组部件管理文件名称	用于管理原材料/组部件的相关管理文件的名称。
			0104		是否具有相应记录	对于原材料/组部件按照相关制度/文件进行管理的过程记录,包括检验记录、出入库记录、检验记录、不合格原材料处理记录等。
			0105		整体执行情况	总体执行情况。
				001	良好	整体执行情况良好。
				002	一般	整体执行情况一般。
				003	较差	整体执行情况较差。
			0106		管理文件扫描件	用扫描仪将管理文件扫描保存在电脑里面,以电子文件的形式展现出来的管理文件。
		02			**委外加工项目一览表**	委外加工指的是将工作委托给其他具有相关资质的单位进行生产。
			0101		委外加工项目名称	委外加工项目的正式名称,一般使用整体项目的总称,也可以包括型号以及自定义词汇。
			0102		委外加工单位名称	委外加工方的法人单位名称,即经各级工商行政管理部门核准,进行企业法人登记的名称。
			0103		委外合作方式	个人与个人、群体与群体之间为达到共同目的,彼此相互配合的一种联合行动、方式。
				001	长期	生产者可以调整全部生产要素数量的时期。
				002	短期	生产者来不及调整全部生产要素的数量,至少有一种生产要素的数量是固定不变的时间周期。
			0104		委外检测方式	检测是用指定的方法检验测试某种物体(气体、液体、固体)指定的技术性能指标;方式是指规定或认可的形式和方法。
				001	全检	对整批产品逐个进行检验,把其中的不合格品拣出来。
				002	抽检	从一批产品中按照一定规则随机抽取少量产品(样本)进行检验,据以判断该批产品是否合格。

表（续）

项目编码					项目名称	说明
通用信息标识代码	模块代码	表代码	字段代码	字段值代码		
		03			**现场原材料抽样测量记录表**	记录现场原材料抽样测量结果的表格。
			0101		产品类别	按产品种类不同而做出的区别。
			0102		原材料/组部件名称	原材料是指生产某种产品的基本原料。组部件是机械的一部分，由若干装配在一起的零件所组成，此处指产品的组成部件。
			0103		原材料/组部件采购合同	企业（供方）与分供方，经过双方谈判协商一致同意而签订的"供需关系"的法律性文件，合同双方都应遵守和履行，并且是双方联系的共同语言基础。
			0104		原材料/组部件出厂检测报告	对装配完成的产品（原材料/组部件）是否能够达到出厂技术标准要经过各项检测来验证，验证完成后形成的检测报告。
			0105		原材料/组部件入厂检测记录	对装配完成的产品（原材料/组部件）是否能够达到入厂技术标准要经过各项检测来验证，验证完成后形成的检测报告。
			0106		原材料/组部件存放环境	存放的空间中影响原材料/组部件耐久性的各种自然因素的总体。
				001	良好	原材料/组部件存放环境良好。
				002	一般	原材料/组部件存放环境一般。
				003	较差	原材料/组部件存放环境较差

<h1>附 录 H</h1>
<h2>（规范性附录）</h2>
<h1>售 后 服 务</h1>

项目编码					项目名称	说明
通用信息标识代码	模块代码	表代码	字段代码	字段值代码		
G0000002.	H				**售后服务**	设计生产等过程的延续产品出售后，生产者或销售者对消费者，承担合同约定的有关内容和履行有关法律责任的活动。
		01			**售后服务情况**	设计生产等过程的延续，产品出售后，生产者或销售者对消费者，承担合同约定的有关内容和履行有关法律责任的活动情况。
			0101		售后网点所在省份	直接面向顾客提供相关售后服务的厂商授权的服务机构分布省份。
			0102		售后服务网点数量	直接面向顾客提供相关售后服务的厂商授权的服务机构数量。
			0103		售后服务人数	使用售后服务网络，按照售后服务要求，从事管理规划、咨询、维修、服务跟踪等服务技术或内容的业务人员数量。
			0104		售后服务响应时限	售后服务提供者自受理顾客投诉之时起，到完成顾客投诉处理的时间限度。
		02			**售后服务管理文件名称列表**	公司内部售后服务管理文件名称的列表。
			0101		售后服务管理文件名称	公司内部售后服务管理文件的名称。
		03			**主要售后服务人员一览表**	使用售后服务网络，按照售后服务要求，从事管理规划、咨询、维修、服务跟踪等服务技术或内容的业务人员。
			0101		姓名	售后服务人员的姓名。
			0102		岗位名称	主要售后服务人员在公司岗位名录中的岗位名称。
			0103		服务地域范围	主要售后服务人员负责的省份。
			0104		学历	受教育者在教育机构接受科学、文化知识训练并获得国家教育行政部门认可的学历证书的经历的名称。

表（续）

项目编码					项目名称	说明
通用信息标识代码	模块代码	表代码	字段代码	字段值代码		
				001	博士	
				002	硕士	
				003	本科	
				004	专科	
				999	其他	其他学历。
			0105		从事本行业工作年限	从事售后服务行业工作的时长，一般按周年计算。
			0106		是否具有资质证书	是否具有行业资质等级证书。
			0107		证书出具机构	对售后服务人员进行资质评定的机构中文全称。
			0108		是否具有培训证明	是否具有证明参与培训的文件。
			0109		培训时间	主要售后服务人员参与培训的年月日，采用 YYYYMMDD 的日期形式

附 录 I
（规范性附录）
产 品 产 能

项目编码					项目名称	说明
通用信息标识代码	模块代码	表代码	字段代码	字段值代码		
G0000002.	**I**				**产品产能**	
		01			**生产能力表**	在计划期内，企业参与生产的全部固定资产，在既定的组织技术条件下，所能生产的产品数量，或者能够处理的原材料数量。
			0101		产品产能电压等级	产品电压等级。
				001	6	6kV 电压等级。
				002	10	10kV 电压等级。
				003	13.8	13.8kV 电压等级。
				004	15.75	15.75kV 电压等级。
				005	20	20kV 电压等级。
				006	35	35kV 电压等级。
				007	66	66kV 电压等级。
				008	110	110kV 电压等级。
				009	220	220kV 电压等级。
				010	330	330kV 电压等级。
				011	500	500kV 电压等级。
				012	750	750kV 电压等级。
				013	1000	1000kV 电压等级。
				999	其他	其他电压等级。
			0102		设计年生产能力	企业生产产品的全部设备（包括主要设备、辅助设备、运输设备、动力设备等）在原材料、材料动力充分、劳动力配备合理以及设备正常运转条件下，可能达到的年产量。
			0103		单一产品年生产能力	企业生产某种产品的全部设备（包括主要设备、辅助设备、运输设备、动力设备等）在原材料、材料动力充分、劳动力配备合理以及设备正常运转条件下，可能达到的年产量。

表（续）

项目编码					项目名称	说明
通用信息标识代码	模块代码	表代码	字段代码	字段值代码		
			0104		年产能单位	数学方面或物理方面计量事物的标准量的名称，如"台、个、只"等量词。
			0105		产能计算报告	对一个企业产品产能的分析计算报告。报告主要分析一个企业一年或者一个月的总生产能力，是评估该企业产值的一个标准

继电保护及自动装置和安全稳定自动控制装置供应商专用信息

目　次

继电保护及自动装置和安全稳定
自动控制装置供应商专用信息

1 范围

本部分规定了继电保护及自动装置和安全稳定自动控制装置类物资供应商的报告证书、生产制造、试验检测、原材料/组部件等专用信息数据规范。

本部分适用于国家电网有限公司供应商资质能力信息核实工作，以及涉及供应商数据的相关应用。

本部分适用的继电保护及自动装置和安全稳定自动控制装置类物料及其物料组编码见附录 A。

2 规范性引用文件

下列文件对于本文件的应用是必不可少的。凡是注日期的引用文件，仅注日期的版本适用于本文件。凡是不注日期的引用文件，其最新版本（包括所有的修改单）适用于本文件。

GB/T 4831—2016　旋转电机产品型号编制方法

GB/T 7261—2016　继电保护和安全自动装置基本试验方法

GB/T 15416—2014　科技报告编号规则

GB/T 17626.6—1998　电磁兼容　试验和测量技术　射频场感应的传导骚扰抗扰度

GB/T 17626.11—2008　电压暂降、短时中断和电压变化抗扰度试验

GB/T 19488.2—2008　电子政务数据元

GB/T 26864—2011　电力系统继电保护产品动模试验

DL/T 396—2010　电压等级代码

DL/T 860.10—2006　变电站通信网络和系统　第 10 部分：一致性测试

3 术语和定义

下列术语和定义适用于本文件。

3.1

报告证书　report certificate

具有相应资质、权力的机构或机关等颁发的证明资格或权力的文件。

3.2

生产制造　production-manufacturing

生产企业整合相关的生产资源，按预定目标进行系统性的从前端概念设计到产品实

现的物化过程。

3.3

试验检测 test verification

用规范的方法检验测试某种物体指定的技术性能指标。

3.4

原材料/组部件 raw material and components

指对于生产某种产品所需的基本原料或组成部件。

4 符号

下列符号适用于本文件。

kV：千伏，电压单位。

℃：摄氏度，温度单位。

MHz：兆赫兹，频率单位。

kHz：千赫兹，频率单位。

5 报告证书

报告证书包括检测报告证书统计表、专业检测数据表、型式试验报告数据表、动模试验报告数据表、DL/T 860 一致性测试报告，报告证书见附录 B。

5.1 检测报告证书统计表

检测报告证书统计表包括产品类别、电压等级、适用范围、产品型号、专业检测通过情况、型式试验通过情况、动模试验通过情况、DL/T 860 一致性测试报告。

5.2 专业检测数据表

专业检测数据表包括产品类别、适用电压等级、适用范围、产品型号、报告编号、检测机构、报告出具日期、是否已进行过版本认证、软件版本、校验码、委托单位、报告扫描件。

5.3 型式试验报告数据表

型式试验报告数据表包括产品类别，试品全称，产品型号，报告编号，检测机构，外观检查，测量元件准确度，功能试验，直流电源影响试验，功率消耗试验（动作前），功率消耗试验（动作后），温度影响试验（高温），温度影响试验（低温），绝缘性能试验，过载能力试验，湿热性能试验，机械性能试验，介质强度试验，冲击电压试验，出口继电器检查，静电放电，快速瞬变抗扰度，1MHz、100kHz 脉冲群抗扰度，辐射电磁场抗扰度，浪涌（冲击）抗扰度，工频抗扰度，射频场感应的传导骚扰抗扰度，辐射发射，传导发射，阻尼振荡磁场抗扰度，脉冲磁场抗扰度，工频磁场抗扰度，电压跌落，报告扫描件。

5.4 动模试验报告数据表

动模试验报告数据表包括产品类型、适用电压等级、试品全称、产品型号、报告编号、软件版本、报告出具日期、检测结论、检测机构、报告扫描件。

5.5 DL/T 860 一致性测试报告

DL/T 860 一致性测试报告包括产品类别、试品全称、产品型号、报告编号、检测机构、DL/T 860 一致性测试是否合格、报告出具日期、报告扫描件。

6 生产制造

生产制造主要包括生产厂房、主要生产设备、生产工艺控制，生产制造信息见附录 C。

6.1 生产厂房

生产厂房包括板件生产车间面积，装置生产车间面积，配线生产车间面积，老化车间总面积，元器件储存、SMT、板件和插件等仓储、生产和检测场所是否有完善的防尘、防静电措施，板件及插件生产制造是否有自动化生产线。

6.2 主要生产设备

主要生产设备包括设备类别、设备用途、设备名称、设备型号、设备数量及单位、设备制造商、设备原产地、设备出厂日期、设备单价。

6.3 生产工艺控制

生产工艺控制包括生产工艺环节、工艺控制文件名称、工艺控制文件、主要关键措施、保障提升产品性能质量的作用、生产工艺整体控制情况、工艺流程图文件名称、关键质量控制节点名称。

7 试验检测

试验检测包括试验检测设备一览表、试验检测人员一览表、现场抽样检测记录表，试验检测信息见附录 D。

7.1 试验检测设备一览表

试验检测设备一览表包括设备名称、设备型号、设备数量及单位、检测项目、设备制造商、设备原产地、设备出厂日期、设备单价、是否具有有效期内的检定证书。

7.2 试验检测人员一览表

试验检测人员一览表包括姓名、岗位名称、职称、学历、培训单位、是否具有培训证明。

7.3 现场抽样检测记录表

现场抽样检测记录表包括现场抽样检测时间、产品类别、产品型号、抽样检测项目、抽样检测产品编号、抽样检测结果、抽样检测记录。

8 原材料/组部件

原材料/组部件包括原材料/组部件一览表、现场原材料/组部件抽样测量，原材料/组部件信息见附录 E。

8.1 原材料/组部件一览表

原材料/组部件一览表包括产品型号、原材料/组部件类型、原材料/组部件名称、原材料/组部件型号、供应方式、原材料/组部件供应商名称、原材料/组部件原产地、合作方式、原材料/组部件供货周期、原材料/组部件入厂检测方式、原材料/组部件抽检方案、原材料/组部件检测项目及记录。

8.2 现场原材料/组部件抽样测量

现场原材料/组部件抽样测量包括现场抽样检测时间、抽样检测原材料/组部件类别、抽样检测原材料/组部件规格型号、原材料/组部件抽检项目、原材料/组部件抽检结果、抽查记录。

附 录 A

（规范性附录）

适用的物资及物资专用信息标识代码

物资类别	物料所属大类	物资所属中类	物资所属小类	物资名称	物资专用信息标识代码
继电保护及自动装置和安全稳定自动控制装置	二次设备	继电保护及自动装置、安全稳定自动控制装置	柱上断路器	线路保护	G1101001
继电保护及自动装置和安全稳定自动控制装置	二次设备	继电保护及自动装置、安全稳定自动控制装置	柱上断路器	母线保护	G1101002
继电保护及自动装置和安全稳定自动控制装置	二次设备	继电保护及自动装置、安全稳定自动控制装置	柱上断路器	变压器保护	G1101003
继电保护及自动装置和安全稳定自动控制装置	二次设备	继电保护及自动装置、安全稳定自动控制装置	柱上断路器	断路器保护	G1101004
继电保护及自动装置和安全稳定自动控制装置	二次设备	继电保护及自动装置、安全稳定自动控制装置	柱上断路器	电容器保护	G1101005
继电保护及自动装置和安全稳定自动控制装置	二次设备	继电保护及自动装置、安全稳定自动控制装置	柱上断路器	电抗器保护	G1101006
继电保护及自动装置和安全稳定自动控制装置	二次设备	继电保护及自动装置、安全稳定自动控制装置	柱上断路器	短引线保护	G1101008
继电保护及自动装置和安全稳定自动控制装置	二次设备	继电保护及自动装置、安全稳定自动控制装置	柱上断路器	旁路保护	G1101009
继电保护及自动装置和安全稳定自动控制装置	二次设备	继电保护及自动装置、安全稳定自动控制装置	柱上断路器	母联（分段）保护	G1101011

表（续）

物资类别	物料所属大类	物资所属中类	物资所属小类	物资名称	物资专用信息标识代码
继电保护及自动装置和安全稳定自动控制装置	二次设备	继电保护及自动装置、安全稳定自动控制装置	柱上断路器	备用设备及备用电源自动投入	G1101015
继电保护及自动装置和安全稳定自动控制装置	二次设备	继电保护及自动装置、安全稳定自动控制装置	柱上断路器	智能变电站线路保护	G2801001
继电保护及自动装置和安全稳定自动控制装置	二次设备	继电保护及自动装置、安全稳定自动控制装置	柱上断路器	智能变电站母线保护	G2801002
继电保护及自动装置和安全稳定自动控制装置	二次设备	继电保护及自动装置、安全稳定自动控制装置	柱上断路器	智能变电站变压器保护	G2801003
继电保护及自动装置和安全稳定自动控制装置	二次设备	继电保护及自动装置、安全稳定自动控制装置	柱上断路器	智能变电站断路器保护	G2801004
继电保护及自动装置和安全稳定自动控制装置	二次设备	继电保护及自动装置、安全稳定自动控制装置	柱上断路器	智能变电站电容器保护	G2801005
继电保护及自动装置和安全稳定自动控制装置	二次设备	继电保护及自动装置、安全稳定自动控制装置	柱上断路器	智能变电站电抗器保护	G2801006
继电保护及自动装置和安全稳定自动控制装置	二次设备	继电保护及自动装置、安全稳定自动控制装置	柱上断路器	智能变电站短引线保护	G2801007
继电保护及自动装置和安全稳定自动控制装置	二次设备	继电保护及自动装置、安全稳定自动控制装置	柱上断路器	智能变电站母联（分段）保护	G2801008
继电保护及自动装置和安全稳定自动控制装置	二次设备	继电保护及自动装置、安全稳定自动控制装置	柱上断路器	智能变电站备用设备及备用电源自动投入	G2801010

物资类别	物料所属大类	物资所属中类	物资所属小类	物资名称	物资专用信息标识代码
继电保护及自动装置和安全稳定自动控制装置	二次设备	继电保护及自动装置、安全稳定自动控制装置	柱上断路器	减载装置	G1103001
继电保护及自动装置和安全稳定自动控制装置	二次设备	继电保护及自动装置、安全稳定自动控制装置	柱上断路器	解列装置	G1103002
继电保护及自动装置和安全稳定自动控制装置	二次设备	继电保护及自动装置、安全稳定自动控制装置	柱上断路器	稳定控制装置	G1103003
继电保护及自动装置和安全稳定自动控制装置	二次设备	继电保护及自动装置、安全稳定自动控制装置	柱上断路器	智能变电站减载装置	G2803001
继电保护及自动装置和安全稳定自动控制装置	二次设备	继电保护及自动装置、安全稳定自动控制装置	柱上断路器	智能变电站解列装置	G2803002
继电保护及自动装置和安全稳定自动控制装置	二次设备	继电保护及自动装置、安全稳定自动控制装置	柱上断路器	智能变电站稳定控制装置	G2803003

附 录 B
（规范性附录）
报 告 证 书

项目编码					项目名称	说明
物资专用信息标识代码	模块代码	表代码	字段代码	字段值代码		
略	C				**报告证书**	具有相应资质、权力的机构或机关等颁发的证明资格或权力的文件。
		01			**报告证书统计表**	统计报告证书的类别、名称、颁发机构等内容的列表。
			1001		产品类别	将产品进行归类。
			1002		电压等级	根据传输与使用的需要，按电压有效值的大小所分的若干级别。
				001	20kV	20kV 电压等级。
				002	35kV	35kV 电压等级。
				003	66kV	66kV 电压等级。
				004	110kV	110kV 电压等级。
				005	220kV	220kV 电压等级。
				006	330kV	330kV 电压等级。
				007	500kV	500kV 电压等级。
				008	750kV	750kV 电压等级。
				999	其他	其他电压等级。
			1003		适用范围	证书上标注的认证产品范围。
			1004		产品型号	便于使用、制造、设计等部门进行业务联系和简化技术文件中产品名称、规格、型式等叙述而引用的一种代号。
			1005		专业检测通过情况	专业检验人员进行的检验结果情况。
				001	通过	专业检测通过。
				002	未通过	专业检测未通过。
				003	未检测	没有进行专业检测。

表（续）

项目编码					项目名称	说明
物资专用信息标识代码	模块代码	表代码	字段代码	字段值代码		
			1006		型式试验通过情况	为了验证产品能否满足技术规范的全部要求所进行的试验，只有通过型式试验，该产品才能正式投入生产。
				001	通过	型式试验通过。
				002	未通过	型式试验未通过。
				003	未检测	未进行型式试验。
			1007		动模试验通过情况	动模即动态模拟，是通过在 RTDS（实时数字仿真装置）或实际等值系统上模拟实际电力系统的各种运行工况及故障状态，对在电力系统中运行的保护和控制装置的功能和性能进行考核，以确保保护和控制装置在现场的可靠运行的试验。
				001	通过	动模试验通过。
				002	未通过	动模试验未通过。
				003	未检测	未进行动模试验。
			1008		DL/T 860 一致性测试报告	对通信以及为了通信而组成系统的 IED 的有关系统的型式试验。
				001	通过	一致性测试通过。
				002	未通过	一致性测试未通过。
				003	未检测	未进行一致性测试。
		02			**专业检测数据表**	反映专业检测数据内容情况的列表。
			1001		产品类别	将产品进行归类。
			1002		适用电压等级	根据传输与使用的需要按电压有效值的大小所分的若干级别，若产品有额定电压等级，则填写额定电压，否则填写应用的工程电压等级。
				001	1000kV	1000kV 电压等级。
				002	750kV	750kV 电压等级。
				003	500kV	500kV 电压等级。
				004	330kV	330kV 电压等级。

表（续）

项目编码					项目名称	说明
物资专用信息标识代码	模块代码	表代码	字段代码	字段值代码		
				005	220kV	220kV 电压等级。
				006	110kV	110kV 电压等级。
				007	66kV	66kV 电压等级。
				008	35kV	35kV 电压等级。
				999	其他	其他电压等级。
			1003		适用范围	证书上标注的认证产品范围。
			1004		产品型号	便于使用、制造、设计等部门进行业务联系和简化技术文件中产品名称、规格、型式等叙述而引用的一种代号。
			1005		报告编号	采用字母、数字混合字符组成的用以标识检测报告完整的、格式化的一组代码，是检测报告上标注的报告唯一性标识。
			1006		检测机构	应申请检验人的要求，对产品进行检验后所出具书面证明的检验机构。
			1007		报告出具日期	企业检测报告出具的年月日，采用 YYYYMMDD 的日期形式。
			1008		是否已进行过版本认证	指由国家认可的认证机构证明一个组织的产品、服务、管理体系符合相关标准、技术规范（TS）或其强制性要求的合格评定活动。
				001	是	已进行过版本认证。
				002	否	未进行过版本认证。
			1009		软件版本	包含两种不同含义：① 为满足不同用户的不同使用要求，如适用于不同运行环境或不同平台的系列产品；② 软件产品投入使用以后，经过一段时间运行提出了变更的要求，需要做较大的修正或纠错，增强功能或提高性能。
			1010		校验码	通常是一组数字的最后一位，由前面的数字通过某种运算得出，用以检验该组数字的正确性。

表（续）

项目编码					项目名称	说明
物资专用信息标识代码	模块代码	表代码	字段代码	字段值代码		
			1011		委托单位	委托检测活动的单位。
			1012		报告扫描件	用扫描仪将检测报告正本扫描得到的电子文件。
		03			**型式试验报告数据表**	反映型式试验检测报告数据内容情况的列表。
			1001		产品类别	将产品进行归类。
			1002		试品全称	试验产品的完整名称，报告上的产品名称。
			1003		产品型号	便于使用、制造、设计等部门进行业务联系和简化技术文件中产品名称、规格、型式等叙述而引用的一种代号。
			1004		报告编号	采用字母、数字混合字符组成的用以标识检测报告完整的、格式化的一组代码，是检测报告上标注的报告唯一性标识。
			1005		检测机构	应申请检验人的要求，对产品进行检验后出具书面证明的检验机构。
			1006		外观检查	主要用于快速识别样品的外观缺陷的检查方法。能够快速识别产品外观缺陷。
				001	合格	外观检查合格。
				002	不合格	外观检查不合格。
				003	未检测	未进行外观检查。
			1007		测量元件准确度	装置中测量输入量值大小并确定装置如何动作的元件的准确度。
				001	合格	测量元件准确度合格。
				002	不合格	测量元件准确度不合格。
				003	未检测	未检测测量元件准确度。
			1008		功能试验	对产品的各功能进行验证，根据功能测试用例，逐项测试，检查产品是否达到用户要求的功能。

表（续）

项目编码					项目名称	说明
物资专用信息标识代码	模块代码	表代码	字段代码	字段值代码		
				001	合格	功能试验合格。
				002	不合格	功能试验不合格。
				003	未检测	未进行功能试验。
			1009		直流电源影响试验	直流电源对测试的装置影响的试验。
				001	合格	直流电源影响试验合格。
				002	不合格	直流电源影响试验不合格。
				003	未检测	未进行直流电源影响试验。
			1010		功率消耗试验（动作前）	按产品标准将规定的激励量施加于产品的输入端，测量产品功率消耗。装置动作前的功率消耗试验。
			1011		功率消耗试验（动作后）	按产品标准将规定的激励量施加于产品的输入端，测量产品功率消耗。装置动作后的功率消耗试验。
			1012		温度影响试验（高温）	最高运行温度试验。
			1013		温度影响试验（低温）	最低运行温度试验。
			1014		绝缘性能试验	检验绝缘材料或电工设备绝缘结构的介电强度的试验。
				001	合格	绝缘性能试验合格。
				002	不合格	绝缘性能试验不合格。
				003	未检测	未进行绝缘性能试验。
			1015		过载能力试验	超过额定限值以后能够承受的能力范围。在通信电源领域，设备的标称额定值标示其所能承载的负荷，而设计时候往往会留有余量，该余量被称为过载能力。
				001	合格	过载能力试验合格。
				002	不合格	过载能力试验不合格。
				003	未检测	未进行过载能力试验。

表（续）

项目编码					项目名称	说明
物资专用信息标识代码	模块代码	表代码	字段代码	字段值代码		
			1016		湿热性能试验	在高温高湿条件下评定防锈油脂对金属防锈性能的实验。将涂有防锈油脂的金属试片挂在湿热试验箱中，经过规定的试验周期后取出检查，以试片表面有效区锈点的数量和大小来判断油品试样的防锈性能。
				001	合格	湿热性能试验合格。
				002	不合格	湿热性能试验不合格。
				003	未检测	未进行湿热性能试验。
			1017		机械性能试验	金属材料在载荷作用下抵抗破坏的性能。机械性能是金属材料的常用指标的一个集合，是机械类产品设计中使用的重要材料性能指标。
				001	合格	机械性能试验合格。
				002	不合格	机械性能试验不合格。
				003	未检测	未进行。
			1018		介质强度试验	介质强度试验是电气产品安全的一个重要组成部分。它是通过对设备施加一个高于其额定值的电压并维持一定时间来判定设备的绝缘材料和空间距离是否符合要求，即是利用高电压的手段来检验电气绝缘结构中是否存在薄弱环节和缺陷。电介质强度是考核电气绝缘的一个重要指标，是考虑当外界电流出现高压渗入的情况下仍能保证电路对地的良好绝缘。
				001	合格	介质强度试验合格。
				002	不合格	介质强度试验不合格。
				003	未检测	未进行介质强度试验。
			1019		冲击电压试验	用来检验各种高压电气设备在雷电过电压、操作过电压等冲击电压作用下的绝缘性能和保护性能，试验电压要比设备绝缘正常运行时承受的电压高出很多。许多高压电气设备在出厂试验、型式试验时或大修后都必须进行冲击耐压试验。

表（续）

项目编码					项目名称	说明
物资专用信息标识代码	模块代码	表代码	字段代码	字段值代码		
				001	合格	冲击电压试验合格。
				002	不合格	冲击电压试验不合格。
				003	未检测	未进行冲击电压试验。
			1020		出口继电器检查	检查出口继电器是否能按要求跳合闸。出口继电器是继电保护装置和安全自动装置的最后一级输出，动作后直接向断路器发出跳闸命令的专用中间继电器，又称跳闸继电器。
				001	合格	出口继电器检查合格。
				002	不合格	出口继电器检查不合格。
				003	未检测	未进行出口继电器检查。
			1021		静电放电	具有不同静电电位的物体互相靠近或直接接触引起的电荷转移。静电起电的最常见原因是两种材料的接触和分离。最经常发生的静电起电现象是固体间的摩擦起电现象。
				001	5级合格	静电放电为5级合格。
				002	4级合格	静电放电为4级合格。
				003	3级合格	静电放电为3级合格。
				004	2级合格	静电放电为2级合格。
				005	1级合格	静电放电为1级合格。
				006	未检测	未检测静电放电。
			1022		快速瞬变抗扰度	为评估电气和电子设备的供电电源端口、信号、控制和接地端口在受到电快速瞬变（脉冲群）干扰时的性能，确定一个共同的能再现的评定依据。试验的要点是瞬变的高幅值、短上升时间、高重复率和低能量。
				001	5级合格	快速瞬变抗扰度为5级合格。
				002	4级合格	快速瞬变抗扰度为4级合格。
				003	3级合格	快速瞬变抗扰度为3级合格。
				004	2级合格	快速瞬变抗扰度为2级合格。

国家电网有限公司
STATE GRID
CORPORATION OF CHINA

表（续）

项目编码					项目名称	说明
物资专用信息标识代码	模块代码	表代码	字段代码	字段值代码		
				005	1 级合格	快速瞬变抗扰度为 1 级合格。
				006	未检测	未检测快速瞬变抗扰度。
			1023		1MHz、100kHz 脉冲群抗扰度	脉冲群：数量有限且清晰可辨的脉冲系列或持续时间有限的振荡，脉冲群中的单个脉冲有特定的重复周期、电压幅值、上升时间、脉宽。
				001	5 级合格	脉冲群抗扰度为 5 级合格。
				002	4 级合格	脉冲群抗扰度为 4 级合格。
				003	3 级合格	脉冲群抗扰度为 3 级合格。
				004	2 级合格	脉冲群抗扰度为 2 级合格。
				005	1 级合格	脉冲群抗扰度为 1 级合格。
				006	未检测	未检测脉冲群抗扰度。
			1024		辐射电磁场抗扰度	对电气、电子设备进行测试，测试射频电磁场辐射时的产品的性能。测试的目的是建立一个共同的标准来评价电气和电子产品或系统的抗射频辐射电磁场干扰的能力。
				001	5 级合格	辐射电磁场抗扰度为 5 级合格。
				002	4 级合格	辐射电磁场抗扰度为 4 级合格。
				003	3 级合格	辐射电磁场抗扰度为 3 级合格。
				004	2 级合格	辐射电磁场抗扰度为 2 级合格。
				005	1 级合格	辐射电磁场抗扰度为 1 级合格。
				006	未检测	未检测辐射电磁场抗扰度。
			1025		浪涌（冲击）抗扰度	浪涌也叫电涌、突波，指超出正常工作电压的瞬间过电压。电源（只是主要指电源）刚开通的那一瞬息产生的强力脉冲，由于电路本身的非线性有可能有高于电源本身的脉冲；或者由于电源或电路中其他部分受到本身或外来尖脉冲干扰。
				001	5 级合格	浪涌（冲击）抗扰度为 5 级合格。
				002	4 级合格	浪涌（冲击）抗扰度为 4 级合格。

66

表（续）

项目编码					项目名称	说明
物资专用信息标识代码	模块代码	表代码	字段代码	字段值代码		
				003	3 级合格	浪涌（冲击）抗扰度为 3 级合格。
				004	2 级合格	浪涌（冲击）抗扰度为 2 级合格。
				005	1 级合格	浪涌（冲击）抗扰度为 1 级合格。
				006	未检测	未检测浪涌（冲击）抗扰度。
			1026		工频抗扰度	用于评价处于工频（连续和短时）磁场中的家用、商用和工业用电气和电子设备的磁场抗扰度性能。工频磁场是由导体中的工频电流产生的，或极少量的由附近的其他装置（如变压器的漏磁通）产生。工频磁场的特点是频率低、波长长、试验波形为工频正弦波，可对各种电气和电子设备造成不同程度的影响。
				001	5 级合格	工频抗扰度为 5 级合格。
				002	4 级合格	工频抗扰度为 4 级合格。
				003	3 级合格	工频抗扰度为 3 级合格。
				004	2 级合格	工频抗扰度为 2 级合格。
				005	1 级合格	工频抗扰度为 1 级合格。
				006	未检测	未检测工频抗扰度。
			1027		射频场感应的传导骚扰抗扰度	由射频发射机产生空间电磁场，这些电磁场可以在敏感设备的各种连接馈线上感应电流（或电压），作用于设备的敏感部分，对设备产生骚扰；各种骚扰源，通过连接到设备上的电源线或信号线、天线等直接对设备产生骚扰。
				001	5 级合格	射频场感应的传导骚扰抗扰度为 5 级合格。
				002	4 级合格	射频场感应的传导骚扰抗扰度为 4 级合格。
				003	3 级合格	射频场感应的传导骚扰抗扰度为 3 级合格。
				004	2 级合格	射频场感应的传导骚扰抗扰度为 2 级合格。

表（续）

项目编码					项目名称	说明
物资专用信息标识代码	模块代码	表代码	字段代码	字段值代码		
				005	1级合格	射频场感应的传导骚扰抗扰度为 1 级合格。
				006	未检测	未检测射频场感应的传导骚扰抗扰度。
			1028		辐射发射	物质吸收能量后产生电磁辐射的现象，其实质为辐射跃迁，即物质的粒子吸收能量被激发至高能（E_2）后，瞬间返回基态或低能态（E_1），多余的能量以电磁辐射的形式释放出来。辐射发射有差分模式（DM）和共模（CM）两种基本类型。
				001	A 级合格	辐射发射为 A 级合格。
				002	B 级合格	辐射发射为 B 级合格。
				003	未检测	未检测辐射发射。
			1029		传导发射	通常也会被称为骚扰电压测试，只要有电源线的产品都会涉及，包括许多直流供电产品，另外，信号/控制线在不少标准中也有传导发射的要求，通常用骚扰电压或骚扰电流的限值（两者有相互转换关系）来表示。
				001	A 级合格	传导发射为 A 级合格。
				002	B 级合格	传导发射为 B 级合格。
				003	未检测	未检测传导发射。
			1030		阻尼振荡磁场抗扰度	当导体在磁场中运动时，感应电流会使导体受到安培力，安培力的方向总是阻碍导体的运动。当闭合导体与磁极发生相对运动时，两者之间会产生电磁阻力，阻碍相对运动。
				001	5 级合格	阻尼振荡磁场抗扰度为 5 级合格。
				002	4 级合格	阻尼振荡磁场抗扰度为 4 级合格。
				003	3 级合格	阻尼振荡磁场抗扰度为 3 级合格。
				004	2 级合格	阻尼振荡磁场抗扰度为 2 级合格。
				005	1 级合格	阻尼振荡磁场抗扰度为 1 级合格。

表（续）

项目编码					项目名称	说明
物资专用信息标识代码	模块代码	表代码	字段代码	字段值代码		
				006	未检测	未检测阻尼振荡磁场抗扰度。
			1031		脉冲磁场抗扰度	处于规定条件下脉冲磁场中的设备抗干扰的强度。
				001	5级合格	脉冲磁场抗扰度为5级合格。
				002	4级合格	脉冲磁场抗扰度为4级合格。
				003	3级合格	脉冲磁场抗扰度为3级合格。
				004	2级合格	脉冲磁场抗扰度为2级合格。
				005	1级合格	脉冲磁场抗扰度为1级合格。
				006	未检测	未检测脉冲磁场抗扰度。
			1032		工频磁场抗扰度	工频磁场可对各种电气和电子设备造成不同程度的影响，工频磁场抗扰度用于评价处于工频（连续和短时）磁场中的家用、商用和工业用电气和电子设备的磁场抗扰度性能。
				001	5级合格	工频磁场抗扰度为5级合格。
				002	4级合格	工频磁场抗扰度为4级合格。
				003	3级合格	工频磁场抗扰度为3级合格。
				004	2级合格	工频磁场抗扰度为2级合格。
				005	1级合格	工频磁场抗扰度为1级合格。
				006	未检测	未检测工频磁场抗扰度。
			1033		电压跌落	电力系统中某点工频电压方均根值突然降低至 0.1p.u.～0.9p.u.，并短暂持续10ms～1min后恢复正常的现象。
				001	5级合格	电压跌落为5级合格。
				002	4级合格	电压跌落为4级合格。
				003	3级合格	电压跌落为3级合格。
				004	2级合格	电压跌落为2级合格。
				005	1级合格	电压跌落为1级合格。
				006	未检测	未检测电压跌落。

表（续）

项目编码					项目名称	说明
物资专用信息标识代码	模块代码	表代码	字段代码	字段值代码		
			1034		报告扫描件	用扫描仪将检测报告正本扫描得到的电子文件。
		04			**动模试验报告数据表**	反映动模试验检测报告数据内容情况的列表。
			1001		产品类型	将产品进行归类。
			1002		适用电压等级	根据传输与使用的需要按电压有效值的大小所分的若干级别，若产品有额定电压等级，则填写额定电压，否则填写应用的工程电压等级。
				001	1000kV	1000kV 电压等级。
				002	750kV	750kV 电压等级。
				003	500kV	500kV 电压等级。
				004	330kV	330kV 电压等级。
				005	220kV	220kV 电压等级。
				006	110kV	110kV 电压等级。
				007	66kV	66kV 电压等级。
				008	35kV	35kV 电压等级。
				999	其他	其他电压等级。
			1003		试品全称	试验产品的完整名称。
			1004		产品型号	便于使用、制造、设计等部门进行业务联系和简化技术文件中产品名称、规格、型式等叙述而引用的一种代号。
			1005		报告编号	采用字母、数字混合字符组成的用以标识检测报告的完整的、格式化的一组代码，是检测报告上标注的报告唯一性标识。
			1006		软件版本	包含两种不同含义：① 为满足不同用户的不同使用要求，如适用于不同运行环境或不同平台的系列产品；② 软件产品投入使用以后，经过一段时间运行提出了变更的要求，需要做较大的修正或纠错，增强功能或提高性能。

表（续）

项目编码					项目名称	说明
物资专用信息标识代码	模块代码	表代码	字段代码	字段值代码		
			1007		报告出具日期	企业检测报告出具的年月日，采用 YYYYMMDD 的日期形式。
			1008		检测结论	产品检验的结果。
				001	合格	检验结论为合格。
				002	不合格	检验结论为不合格。
				003	未检测	未检测。
			1009		检测机构	应申请检验人的要求，对产品进行检验后所出具书面证明的检验机构。
			1010		报告扫描件	用扫描仪将检测报告正本扫描得到的电子文件。
		05			DL/T 860 一致性测试报告	反映 DL/T 860 一致性测试报告数据内容的列表。
			1001		产品类别	将产品进行归类。
			1002		试品全称	试验产品的完整名称。
			1003		产品型号	便于使用、制造、设计等部门进行业务联系和简化技术文件中产品名称、规格、型式等叙述而引用的一种代号。
			1004		报告编号	采用字母、数字混合字符组成的用以标识检测报告完整的、格式化的一组代码，是检测报告上标注的报告唯一性标识。
			1005		检测机构	应申请检验人的要求，对产品进行检验后所出具书面证明的检验机构。
			1006		DL/T 860 一致性测试是否合格	对通信以及为了通信而组成系统的 IED 的有关系统的型式试验。
				001	合格	一致性测试合格。
				002	不合格	一致性测试不合格。
				003	未检测	未进行一致性测试。
			1007		报告出具日期	企业检测报告出具的年月日，采用 YYYYMMDD 的日期形式。
			1008		报告扫描件	用扫描仪将检测报告正本扫描得到的电子文件

附　录　C
（规范性附录）
生　产　制　造

项目编码					项目名称	说明
物资专用信息标识代码	模块代码	表代码	字段代码	字段值代码		
略	E				生产制造	生产企业整合相关的生产资源，按预定目标进行系统性的从前端概念设计到产品实现的物化过程。
		01			生产厂房	反映企业生产厂房属性的统称。
			1001		板件生产车间面积	生产板件的厂房车间面积。
			1002		装置生产车间面积	生产装置的厂房车间面积。
			1003		配线生产车间面积	生产配线的厂房车间面积。
			1004		老化车间总面积	厂房中老化车间总面积。
			1005		是否有防尘、防静电措施	元器件储存、SMT、板件和插件等仓储、生产和检测场所是否有完善的防尘、防静电措施。
				001	是	元器件储存、SMT、板件和插件等仓储、生产和检测场所有完善的防尘、防静电措施。
				002	否	元器件储存、SMT、板件和插件等仓储、生产和检测场所没有完善的防尘、防静电措施。
			1006		板件及插件生产制造是否有自动化生产线	板件及插件生产制造是否有自动化生产线。
				001	是	板件及插件生产制造有自动化生产线。
				002	否	板件及插件生产制造没有自动化生产线。
		02			主要生产设备	反映企业拥有的关键生产设备的统称。
			1001		生产设备	在生产过程中为生产工人操纵的，直接改变原材料属性、性能、形态或增强外观价值所必需的劳动资料或器物。

表（续）

项目编码					项目名称	说明
物资专用信息标识代码	模块代码	表代码	字段代码	字段值代码		
			1002		设备类别	将设备按照不同种类进行区别归类。
				001	元器件筛选设备	用于筛选元器件的设备。
				002	单插件生产设备	用于生产单插件的设备。
				003	单插件检测设备	用于检测单插件的设备。
				004	整机检测设备	用于检测整机的设备。
				005	高温老化设备	老化设备。
				006	屏柜生产检测设备	用于生产检测屏柜的设备。
			1003		设备用途	设备的作用和使用场合。
				001	进货检验（抽检）	用于进货的检验。
				002	单插件生产调试	用于生产调试单插件。
				003	整机调试	用于调试整机。
				004	屏柜生产调试	用于生产调试屏柜。
				999	其他	其他的用途。
			1004		设备名称	一种设备的专用称呼。
			1005		设备型号	便于使用、制造、设计等部门进行业务联系和简化技术文件中产品名称、规格、型式等叙述而引用的一种代号。
			1006		数量	设备的数量。
			1007		单位	数学方面或物理方面计量事物的标准量的名称，指"台、个、只"等量词。
				001	台	单位为台。
				002	套	单位为套。
				003	个	单位为个。
				004	只	单位为只。
			1008		设备制造商	制造设备的生产厂商，不是代理商或贸易商。
			1009		设备原产地	设备的最初来源，即设备的生产地。
			1010		设备出厂日期	合格设备的离厂时间。

表（续）

项目编码					项目名称	说明
物资专用信息标识代码	模块代码	表代码	字段代码	字段值代码		
			1011		设备单价	购置单台生产设备的完税后价格。
		03			**生产工艺控制**	反映生产工艺控制过程中一些关键要素的统称。
			1001		生产工艺环节	生产者利用生产工具对各种原材料、半成品进行增值加工或处理,最终使之成为制成品的方法与过程。
				001	进货检验（抽检）	对进货进行检验（抽检）。
				002	单插件生产调试	对单插件进行生产调试。
				003	整机调试	对整机进行调试。
				004	屏柜生产调试	对屏柜进行生产调试。
				999	其他	其他的环节。
			1002		工艺控制文件名称	主要描述通过过程控制,实现最终产品的操作文件的名称。
			1003		工艺控制文件	主要描述通过过程控制,实现最终产品的操作文件。
			1004		主要关键措施	对产品的质量、性能、功能、生产效率等有重要影响的工艺。
			1005		保障提升产品性能质量的作用	在保障提升产品性能质量上所起到的作用。
			1006		生产工艺整体控制情况	按照工艺要求,对范围、成本、检测、质量等方面实施情况的总体评价。
				001	良好	生产工艺整体执行良好。
				002	一般	生产工艺整体执行一般。
				003	较差	生产工艺整体执行较差。
			1007		工艺流程图文件名称	工艺流程图文件的名称。
			1008		关键质量控制节点名称	关键质量控制节点的名称

附 录 D
（规范性附录）
试 验 检 测

项目编码					项目名称	说明
物资专用信息标识代码	模块代码	表代码	字段代码	字段值代码		
略	F				**试验检测**	用规范的方法检验测试某种物体指定的技术性能指标。
		01			**试验检测设备一览表**	反映试验检测设备属性情况的列表。
			1001		设备名称	一种设备的专用称呼。
				001	绝缘耐压测试设备	对各种高压电气设备、电器元件、绝缘材料进行工频或直流高压下的绝缘强度试验的设备。
				002	单插件自动检测设备	用于自动检测单插件的设备名称。
				003	整机检测装置	用于检测整机的装置名称。
				004	微机保护测试仪	充分使用现代先进的微电子技术和器件实现的一种新型小型化微机继电保护测试仪。微机保护测试仪的名称。
				005	数字化微机保护测试仪	数字化微机保护测试仪的名称。
				006	网络分析仪	一种能在宽频带内进行扫描测量以确定网络参量的综合性微波测量仪器，网络分析仪的名称。
				007	时钟系统	由振荡器（信号源）、定时唤醒器、分频器等组成的电路。时钟系统的名称。
			1002		设备型号	便于使用、制造、设计等部门进行业务联系和简化技术文件中产品名称、规格、型式等叙述而引用的一种代号。
			1003		检测项目	为了了解产品性能而进行的试验项目的称谓。
			1004		数量	试验设备数量。
			1005		单位	数学方面或物理方面计量事物的标准量的名称，指"台、个、只"等量词。

表（续）

项目编码					项目名称	说明
物资专用信息标识代码	模块代码	表代码	字段代码	字段值代码		
				001	台	单位为台。
				002	套	单位为套。
				003	个	单位为个。
				004	只	单位为只。
			1006		设备单价	购置单台生产设备的完税后价格。
			1007		设备制造商	制造设备的生产厂商，不是代理商或贸易商。
			1008		设备制造商原产地	设备的最初来源，即设备的生产地。
			1009		设备出厂日期	合格设备的离厂时间。
			1010		是否具有有效期内的检定证书	是否具备由法定计量检定机构对仪器设备出具的证书。
				001	是	具有有效期内的检定证书。
				002	否	没有有效期内的检定证书。
		02			**试验检测人员一览表**	反映试验检测人员情况的列表。
			1001		姓名	在户籍管理部门正式登记注册、人事档案中正式记载的姓氏名称，正在使用的称呼。
			1002		岗位名称	从事岗位的具体名称。
			1003		职称	最初源于职务名称，理论上职称是指专业技术人员的专业技术水平、能力以及成就的等级称号，是反映专业技术人员的技术水平、工作能力的标志。
			1004		学历	由国家认可的员工在国内、外各类教育机构接收正式教育并取得学历证书的学习经历。
				001	博士及以上	取得博士研究生及以上毕业证书。
				002	硕士	取得硕士研究生毕业证书。
				003	本科	取得大学本科毕业证书，学生毕业后一般可获"学士"学位。

表（续）

项目编码					项目名称	说明
物资专用信息标识代码	模块代码	表代码	字段代码	字段值代码		
				999	其他	其他的学历，大专、高中等。
			1005		是否具有培训证明	是否具有证明参与培训的文件。
				001	是	具有培训证明。
				002	否	没有培训证明。
			1006		培训单位	进行培训的单位名称。
		03			**现场抽样检测记录表**	反映现场抽样检测记录情况的列表。
			1001		现场抽样检测时间	现场随机抽取产品进行试验检测的具体日期，采用 YYYYMMDD 的日期形式。
			1002		产品类别	将产品进行归类。
			1003		产品型号	便于使用、制造、设计等部门进行业务联系和简化技术文件中产品名称、规格、型式等叙述而引用的一种代号。
			1004		抽样检测项目	从欲检测的全部样品中抽取一部分样品单位进行检测的项目。
			1005		抽样检测产品编号	同一类型产品生产出来后给定的用来识别某类型产品中的每一个产品的一组代码，由数字和字母或其他代码组成，一般指检测产品上用来识别产品的编号。
			1006		抽样检测结果	对抽取样品检测项目的结论/结果。
				001	通过	抽样检测通过。
				002	未通过	抽样检测不通过。
			1007		抽样检测记录	对样品检测的记录

附 录 E
（规范性附录）
原 材 料/组 部 件

项目编码					项目名称	说明
物资专用信息标识代码	模块代码	表代码	字段代码	字段值代码		
略	G				原材料/组部件	对于生产某种产品所需的基本原料或组成部件的相应管理活动/制度。
		01			原材料/组部件一览表	反映原材料或组部件情况的列表。
			1001		产品型号	便于使用、制造、设计等部门进行业务联系和简化技术文件中产品名称、规格、型式等叙述而引用的一种代号。
			1002		原材料/组部件类型	原材料/组部件的种类。
				001	处理器	计算机中的核心配件。其功能主要是解释计算机指令以及处理计算机软件中的数据。
				002	存储器	在电子计算机中，用来存储数据和指令等的记忆部件。
				003	模数转换器	即 A/D 转换器，或简称 ADC，通常是指一个将模拟信号转变为数字信号的电子元件。
				004	开关电源	一种高频化电能转换装置，是电源供应器的一种。开关电源的输入多半是交流电源（例如市电）或是直流电源，而输出多半是需要直流电源的设备。
				005	连接器	一般是指电器连接器，即连接两个有源器件的器件，传输电流或信号。连接器在电路内被阻断处或孤立不通的电路之间架起沟通的桥梁，使电流流通，从而使电路实现预定的功能。

表（续）

项目编码					项目名称	说明
物资专用信息标识代码	模块代码	表代码	字段代码	字段值代码		
				006	继电器	一种电控制器件，是当输入量（激励量）的变化达到规定要求时，在电气输出电路中使被控量发生预定的阶跃变化的一种电器。继电器一般都有能反映一定输入变量（如电流、电压、功率、阻抗、频率、温度、压力、速度、光等）的感应机构（输入部分）；有能对被控电路实现"通""断"控制的执行机构（输出部分）；在继电器的输入部分和输出部分之间，还有对输入量进行耦合隔离，功能处理和对输出部分进行驱动的中间机构（驱动部分）。
				007	接线端子	用于实现电气连接的一种配件产品，工业上划分为连接器的范畴。接线端子是为了方便导线的连接而应用的，是一段封在绝缘塑料里面的金属片，两端都有孔可以插入导线，有螺丝用于紧固或者松开。
				008	显示器	一种将一定的电子文件通过特定的传输设备显示到屏幕上再反射到人眼的显示工具。可以通过显示器看到电子文件。
				009	单插件（如委外加工）	遵循一定规范的应用程序接口编写出来的程序，主要用来扩展软件功能。
			1003		原材料/组部件名称	生产某种产品的基本原料的名称，或产品的组成部件的名称。
			1004		原材料/组部件型号	反应原材料/组部件的性质、性能、品质等一系列的指标，一般由一组字母和数字以一定的规律编号组成，如品牌、等级、成分、含量、纯度、大小（尺寸、质量）等。
			1005		供应方式	物资从生产领域生产出来之后,经过交换流向用户所采取的方式。
				001	自制	自行制订、自己制造。
				002	外协	一般可以称之为部分带料加工，或称部分工序委外，最终的销售件BOM中包含的所有组件，一部分物权是本方企业，另一部分物权为加工方，本方不但支付加工费还要支付非本方采购的物料的费用。

表（续）

项目编码					项目名称	说明
物资专用信息标识代码	模块代码	表代码	字段代码	字段值代码		
				003	外购	一般指生产最终的销售件 BOM 中包含的所有组件的物权统统是加工方的，本方不负责采购任何原材料，等加工方加工完成品以后，直接购买成品。
				999	其他	其他的供应方式。
			1006		原材料/组部件供应商名称	原材料/组部件的供应商的名称。
			1007		原材料/组部件原产地	原材料/组部件的生产地。
			1008		合作方式	与原材料/组部件供应商的合作方式。
				001	招标采购	指采购方作为招标方，事先提出采购的条件和要求，邀请众多企业参加投标，然后由采购方按照规定的程序和标准一次性的从中择优选择交易对象，并与提出最有利条件的投标方签订协议的过程。
				002	长期合作	长时间的合作。
				003	短期合作	短时间的合作。
				999	其他	其他的合作方式。
			1009		原材料/组部件供货周期	原材料/组部件从接收到客户订单到货物生产完毕，可以装船（或者交运）的时间。
				001	签订合同后半个月内	原材料/组部件供货周期为签订合同后半个月内。
				002	签订合同后半个月到 1 个月	原材料/组部件供货周期为签订合同后半个月到 1 个月。
				003	签订合同后 1 到 3 个月	原材料/组部件供货周期为签订合同后 1 到 3 个月。
				004	签订合同后 3 个月到 6 个月	原材料/组部件供货周期为签订合同后 3 个月到 6 个月。
				005	签订合同后 6 个月至 12 个月	原材料/组部件供货周期为签订合同后 6 个月至 12 个月。
				006	签订合同后 12 个月以上	原材料/组部件供货周期为签订合同后 12 个月以上。

表（续）

项目编码					项目名称	说明
物资专用信息标识代码	模块代码	表代码	字段代码	字段值代码		
			1010		原材料/组部件入厂检测方式	为确定某一物质的性质、特征、组成等而进行的试验，或根据一定的要求和标准来检查试验对象品质的优良程度的方式。
				001	自检	指由本厂实施，根据某种标准对被检查产品进行检查。
				002	抽检	从一批产品中按照一定规则随机抽取少量产品（样本）进行检验，据以判断该批产品是否合格的统计方法，依据抽样方案规则（一次抽或分几次抽、抽多少）抽出产品进行检验。
				003	委外检测	指委托给其他具有相关资质的单位实施，根据某种标准对被检查产品进行检测。
				004	不检	不用检查或没有检查。
			1011		原材料/组部件抽检方案	从一批原材料/组部件中随机抽取少量产品（样本）进行检验。
			1012		原材料/组部件检测项目及记录	对原材料或组部件进行检测的项目以及相关的记录。
		02			**现场原材料/组部件抽样测量**	反映原材料/组部件抽样检测情况的内容。
			1001		现场抽样检测时间	现场抽检的时间。
			1002		抽样检测原材料/组部件类别	抽检原材料/组部件的种类。
			1003		抽样检测原材料/组部件规格型号	抽检原材料/组部件的规格和型号。
			1004		原材料/组部件抽检项目	从欲检测的全部样品中抽取一部分样品单位进行检测的项目。
			1005		原材料/组部件抽检结果	对抽取样品检测项目的结论/结果。
				001	通过	原材料/组部件抽检通过。
				002	未通过	原材料/组部件抽检不通过。
			1006		抽查记录	对样品检测的记录

变电站监控系统供应商专用信息

目　次

变电站监控系统供应商专用信息

1 范围

本部分规定了变电站监控系统类物资供应商的报告证书、生产制造、试验检测、原材料/组部件等专用信息数据规范。

本部分适用于国家电网有限公司供应商资质能力信息核实工作，以及涉及供应商数据的相关应用。

本部分适用的变电站监控系统类物料及其物料组编码见附录 A。

2 规范性引用文件

下列文件对于本文件的应用是必不可少的。凡是注日期的引用文件，仅注日期的版本适用于本文件。凡是不注日期的引用文件，其最新版本（包括所有的修改单）适用于本文件。

GB/T 4831—2016　旋转电机产品型号编制方法

GB/T 7261—2016　继电保护和安全自动装置基本试验方法

GB/T 15416—2014　科技报告编号规则

GB/T 17626.6—1998　电磁兼容　试验和测量技术　射频场感应的传导骚扰抗扰度

GB/T 17626.11—2016　电压暂降、短时中断和电压变化抗扰度试验

GB/T 19488.2—2008　电子政务数据元

GB/T 26864—2011　电力系统继电保护产品动模试验

DL/T 860.10—2006　变电站通信网络和系统　第 10 部分：一致性测试

DL/T 396—2010　电压等级代码

DL/T 478—2010　继电保护和安全自动装置通用技术条件

3 术语和定义

下列术语和定义适用于本文件。

3.1

报告证书　report certificate

具有相应资质、权力的机构或机关等颁发的证明资格或权力的文件。

3.2

生产制造　production-manufacturing

生产企业整合相关的生产资源，按预定目标进行系统性的从前端概念设计到产品实

现的物化过程。

3.3

试验检测　test verification

用规范的方法检验测试某种物体指定的技术性能指标。

3.4

原材料/组部件　raw material and components

指对于生产某种产品所需的基本原料或组成部件。

4　符号

下列符号适用于本文件。

kV：千伏，电压单位。

℃：摄氏度，温度单位。

MΩ：兆欧，电阻单位。

4.1　缩略语

SOE：事件顺序记录。

5　报告证书

报告证书包括检测报告证书统计表、专业检测数据表、型式试验报告数据表、动模试验报告数据表、DL/T 860 一致性测试报告，报告证书见附录 B。

5.1　检测报告证书统计表

检测报告证书统计表包括产品类别、电压等级、适用范围、产品型号、专业检测通过情况、型式试验通过情况、动模试验通过情况、DL/T 860 一致性测试报告。

5.2　专业检测数据表

专业检测数据表包括产品类别、适用电压等级、适用范围、产品型号、报告编号、检测机构、报告出具日期、是否已进行过版本认证、软件版本、校验码、委托单位、报告扫描件。

5.3　型式试验报告数据表

型式试验报告数据表包括产品类别，试品全称，产品型号，报告编号，检测机构，外观检查，交流电压遥测，交流电流遥测，直流电压遥测，直流电流遥测，SOE 分辨率，功能试验，连续通电试验，整机功率消耗试验，温度影响试验（高温），温度影响试验（低温），绝缘性能试验，湿热性能试验，机械性能试验，电源影响试验（保护测控集成装置适用），过载能力试验（保护测控集成装置适用），温度储存试验（保护测控集成装置适用），介质强度试验，冲击电压试验，出口继电器检查（保护测控集成装置适用），静电放电，快速瞬变抗扰度，辐射电磁场抗扰度，浪涌（冲击）抗扰度，阻尼振荡波抗扰度/1MHz、100kHz 脉冲群抗扰度（保测），阻尼振荡磁场抗扰度，工频磁场抗扰度，电压跌落 40%，电压跌落 70%，电压跌落 80%，电压跌落 0%，脉冲磁场抗扰度（保护测控集成装置适用），工频抗扰度（保护测控集成装置适用），射频场感应的传导骚扰抗扰度（保护测控集成装置适用），辐射发射（保护测控集成装置适用），传导发射（保护测控集成装置适用），时间同步监测管理功能检测，报告扫描件。

5.4 动模试验报告数据表

动模试验报告数据表包括产品类型、适用电压等级、试品全称、产品型号、报告编号、软件版本、报告出具日期、检测结论、检测机构、报告扫描件。

5.5 DL/T 860 一致性测试报告

DL/T 860 一致性测试报告包括产品类别、试品全称、产品型号、报告编号、检测机构、DL/T 860 一致性测试是否合格、报告出具日期、报告扫描件。

6 生产制造

生产制造主要包括生产厂房、主要生产设备、生产工艺控制，生产制造信息见附录 C。

6.1 生产厂房

生产厂房包括板件生产车间面积，装置生产车间面积，配线生产车间面积，老化车间总面积，元器件储存、SMT、板件和插件等仓储、生产和检测场所是否有完善的防尘、防静电措施，板件及插件生产制造是否有自动化生产线。

6.2 主要生产设备

主要生产设备信息包括设备类别、设备用途、设备名称、设备型号、设备数量及单位、设备制造商、设备原产地、设备出厂日期、设备单价。

6.3 生产工艺控制

生产工艺控制包括生产工艺环节、工艺控制文件名称、工艺控制文件、主要关键措施、保障提升产品性能质量的作用、生产工艺整体控制情况、工艺流程图文件名称、关键质量控制节点名称。

7 试验检测

试验检测包括试验检测设备一览表、试验检测人员一览表、现场抽样检测记录表，试验检测信息见附录 D。

7.1 试验检测设备一览表

试验检测设备一览表包括试验检测设备、设备名称、设备型号、检测项目、数量、单位、设备单价、设备制造商、设备制造商原产地、设备出厂日期、是否具有有效期内的检定证书、是否在质检有效期内。

7.2 试验检测人员一览表

试验检测人员一览表包括姓名、岗位名称、职称、学历、是否具有培训证明、培训单位。

7.3 现场抽样检测记录表

现场抽样检测记录表包括现场抽样检测时间、产品类别、产品型号、抽样检测项目、抽样检测产品编号、抽样检测结果、抽样检测记录。

8 原材料/组部件

原材料/组部件包括原材料/组部件一览表，原材料/组部件信息见附录 E。

8.1 原材料/组部件一览表

原材料/组部件一览表包括产品型号、原材料/组部件类型、原材料/组部件名称、原材料/组部件型号、供应方式、原材料/组部件供应商名称、原材料/组部件原产地、合作方式、原材料/组部件供货周期、原材料/组部件入厂检测方式、原材料/组部件抽检方案、原材料/组部件检测项目及记录。

附 录 A
（规范性附录）
适用的物资及物资专用信息标识代码

物资类别	物料所属大类	物资所属中类	物资所属小类	物资名称	物资专用信息标识代码
变电站监控系统	二次设备	自动化系统及设备	变电站监控系统	变电站监控系统	G1104001
变电站监控系统	二次设备	自动化系统及设备	变电站监控系统	集控站监控系统	G1104004
变电站监控系统	二次设备	自动化系统及设备	变电站监控系统	智能变电站监控系统	G2804007

附　录　B
（规范性附录）
报　告　证　书

项目编码					项目名称	说明
物资专用信息标识代码	模块代码	表代码	字段代码	字段值代码		
略	C				报告证书	具有相应资质、权力的机构或机关等颁发的证明资格或权力的文件。
		01			报告证书统计表	统计报告证书的类别、名称、颁发机构等内容的列表。
			1001		产品类别	将产品进行归类。
			1002		电压等级	根据传输与使用的需要，按电压有效值的大小所分的若干级别。
				001	1000kV	1000kV 电压等级。
				002	750kV	750kV 电压等级。
				003	500kV	500kV 电压等级。
				004	330kV	330kV 电压等级。
				005	220kV	220kV 电压等级。
				006	110kV	110kV 电压等级。
				007	66kV	66kV 电压等级。
				008	35kV	35kV 电压等级。
				999	其他	其他的电压等级。
			1003		适用范围	证书上标注的认证产品范围。
			1004		产品型号	便于使用、制造、设计等部门进行业务联系和简化技术文件中产品名称、规格、型式等叙述而引用的一种代号。
			1005		专业检测通过情况	专业检验人员进行的检验结果情况。
				001	通过	专业检测通过。
				002	未通过	专业检测不通过。
				003	未检测	未进行专业检测。

表（续）

项目编码					项目名称	说明
物资专用信息标识代码	模块代码	表代码	字段代码	字段值代码		
			1006		型式试验通过情况	为了验证产品能否满足技术规范的全部要求所进行的试验，只有通过型式试验，该产品才能正式投入生产。
				001	通过	型式试验通过。
				002	未通过	型式试验不通过。
				003	未检测	未进行型式试验。
			1007		动模试验通过情况	通过在 RTDS（实时数字仿真装置）或实际等值系统上模拟实际电力系统的各种运行工况及故障状态，对在电力系统中运行的保护和控制装置的功能和性能进行考核，以确保保护和控制装置在现场的可靠运行的试验。
				001	通过	动模试验通过。
				002	未通过	动模试验不通过。
				003	未检测	未进行动模试验。
			1008		DL/T 860 一致性测试报告	对通信以及为了通信而组成系统的 IED 的有关系统的型式试验，正确进行型式试验和一致性测试可以明显地减少在工厂和现场集成系统时出现问题的风险。
				001	通过	一致性测试通过。
				002	未通过	一致性测试不通过。
				003	未检测	未进行一致性测试。
		02			**专业检测数据表**	反映专业检测数据内容情况的列表。
			1001		产品类别	将产品进行归类。
			1002		适用电压等级	若产品有额定电压等级，则填写额定电压，否则填写应用的工程电压等级。
				001	1000kV	1000kV 电压等级。
				002	750kV	750kV 电压等级。
				003	500kV	500kV 电压等级。
				004	330kV	330kV 电压等级。
				005	220kV	220kV 电压等级。

表（续）

项目编码					项目名称	说明
物资专用信息标识代码	模块代码	表代码	字段代码	字段值代码		
				006	110kV	110kV 电压等级。
				007	66kV	66kV 电压等级。
				008	35kV	35kV 电压等级。
				999	其他	其他的电压等级。
			1003		适用范围	证书上标注的认证产品范围。
			1004		产品型号	便于使用、制造、设计等部门进行业务联系和简化技术文件中产品名称、规格、型式等叙述而引用的一种代号。
			1005		报告编号	采用字母、数字混合字符组成的用以标识检测报告的完整的、格式化的一组代码，是检测报告上标注的报告唯一性标识。
			1006		检测机构	应申请检验人的要求，对产品进行检验后所出具书面证明的检验机构。
			1007		报告出具日期	企业检测报告出具的年月日，采用 YYYYMMDD 的日期形式。
			1008		是否已进行过版本认证	指由国家认可的认证机构证明一个组织的产品、服务、管理体系符合相关标准、技术规范（TS）或其强制性要求的合格评定活动。
				001	是	已进行过版本认证。
				002	否	未进行过版本认证。
			1009		软件版本	包含两种不同含义：① 为满足不同用户的不同使用要求，如适用于不同运行环境或不同平台的系列产品；② 软件产品投入使用以后，经过一段时间运行提出了变更的要求，需要做较大的修正或纠错，增强功能或提高性能。
			1010		校验码	通常是一组数字的最后一位，由前面的数字通过某种运算得出，用以检验该组数字的正确性。
			1011		委托单位	委托检测活动的单位。
			1012		报告扫描件	用扫描仪将检测报告正本扫描得到的电子文件。

表（续）

项目编码					项目名称	说明
物资专用信息标识代码	模块代码	表代码	字段代码	字段值代码		
		03			**型式试验报告数据表**	反映型式试验检测报告数据内容情况的列表。
			1001		产品类别	将产品进行归类。
			1002		试品全称	试验产品的完整名称，即报告上的产品名称。
			1003		产品型号	便于使用、制造、设计等部门进行业务联系和简化技术文件中产品名称、规格、型式等叙述而引用的一种代号。
			1004		报告编号	采用字母、数字混合字符组成的用以标识检测报告的完整的、格式化的一组代码，是检测报告上标注的报告唯一性标识。
			1005		检测机构	应申请检验人的要求，对产品进行检验后所出具书面证明的检验机构。
			1006		外观检查	主要用于快速识别样品的外观缺陷的检查方法。
				001	合格	外观检查合格。
				002	不合格	外观检查不合格。
				003	未检测	未进行外观检查。
			1007		交流电压遥测	交流电压遥测值。
			1008		交流电流遥测	交流电流遥测值。
			1009		直流电压遥测	直流电压遥测值。
			1010		直流电流遥测	直流电流遥测值。
			1011		SOE 分辨率	事件顺序记录功能的分辨率。
			1012		功能试验	对产品的各功能进行验证，根据功能测试用例，逐项测试，检查产品是否达到用户要求的功能。
				001	合格	功能试验合格。
				002	不合格	功能试验不合格。
				003	未检测	未进行功能试验。
			1013		连续通电试验	设备出厂前需连续通电一段时间，以观察是否存在缺陷。

表（续）

项目编码					项目名称	说明
物资专用信息标识代码	模块代码	表代码	字段代码	字段值代码		
				001	合格	连续通电试验合格。
				002	不合格	连续通电试验不合格。
				003	未检测	未进行连续通电试验。
			1014		整机功率消耗试验	按产品标准将规定的激励量施加于产品的输入端，测量产品功率消耗。
			1015		温度影响试验（高温）	最高运行温度试验。
			1016		温度影响试验（低温）	最低运行温度试验。
			1017		绝缘性能试验	检验绝缘材料或电工设备绝缘结构的介电强度的试验。
				001	合格	绝缘性能试验合格。
				002	不合格	绝缘性能试验不合格。
				003	未检测	未进行绝缘性能试验。
			1018		湿热性能试验	在高温高湿条件下评定防锈油脂对金属防锈性能的实验，将涂有防锈油脂的金属试片挂在湿热试验箱中，经过规定的试验周期后取出检查，以试片表面有效区锈点的数量和大小来判断油品试样的防锈性能。
			1019		机械性能试验	金属材料在载荷作用下抵抗破坏的性能。机械性能是金属材料的常用指标的一个集合，是机械类产品设计中使用的重要材料性能指标。
				001	合格	机械性能试验合格。
				002	不合格	机械性能试验不合格。
				003	未检测	未进行机械性能试验。
			1020		电源影响试验（保护测控集成装置适用）	验证直流电源对设备影响的试验，适用于保护测控集成装置。
				001	合格	电源影响试验合格。
				002	不合格	电源影响试验不合格。

表（续）

项目编码					项目名称	说明
物资专用信息标识代码	模块代码	表代码	字段代码	字段值代码		
				003	未检测	未进行电源影响试验。
			1021		过载能力试验（保护测控集成装置适用）	超过额定限值以后能够承受的能力范围。通信电源领域，设备有标称额定值标示其所能承载的负荷，而设计时候往往会留有余量，该余量被称为过载能力。
				001	合格	过载能力试验合格。
				002	不合格	过载能力试验不合格。
				003	未检测	未进行过载能力试验。
			1022		温度储存试验（保护测控集成装置适用）	包装好的装置应储存在−40℃～+85℃，相对湿度不大于85%的场所。
				001	合格	温度储存试验合格。
				002	不合格	温度储存试验不合格。
				003	未检测	未进行温度储存试验。
			1023		介质强度试验	电气产品安全的一个重要组成部分，它是通过对设备施加一个高于其额定值的电压并维持一定时间来判定设备的绝缘材料和空间距离是否符合要求，即是利用高电压的手段来检验电气绝缘结构中是否存在薄弱环节和缺陷。
				001	合格	介质强度试验合格。
				002	不合格	介质强度试验不合格。
				003	未检测	未进行介质强度试验。
			1024		冲击电压试验	用来检验各种高压电气设备在雷电过电压、操作过电压等冲击电压作用下的绝缘性能和保护性能，试验电压要比设备绝缘正常运行时承受的电压高出很多。
				001	合格	冲击电压试验合格。
				002	不合格	冲击电压试验不合格。
				003	未检测	未进行冲击电压试验。
			1025		出口继电器检查（保护测控集成装置适用）	出口继电器是继电保护装置和安全自动装置的最后一级输出，动作后直接向断路器发出跳闸命令的专用中间继电器，又称跳闸继电器。

表（续）

项目编码					项目名称	说明
物资专用信息标识代码	模块代码	表代码	字段代码	字段值代码		
				001	合格	出口继电器检查合格。
				002	不合格	出口继电器检查不合格。
				003	未检测	未进行出口继电器检查。
			1026		静电放电	指具有不同静电电位的物体互相靠近或直接接触引起的电荷转移。
				001	5 级合格	静电放电为 5 级合格。
				002	4 级合格	静电放电为 4 级合格。
				003	3 级合格	静电放电为 3 级合格。
				004	2 级合格	静电放电为 2 级合格。
				005	1 级合格	静电放电为 1 级合格。
				006	未检测	未检测静电放电。
			1027		快速瞬变抗扰度	为评估电气和电子设备的供电电源端口、信号、控制和接地端口在受到电快速瞬变（脉冲群）干扰时的性能，确定一个共同的能再现的评定依据。试验的要点是瞬变的高幅值、短上升时间、高重复率和低能量。
				001	5 级合格	快速瞬变抗扰度为 5 级合格。
				002	4 级合格	快速瞬变抗扰度为 4 级合格。
				003	3 级合格	快速瞬变抗扰度为 3 级合格。
				004	2 级合格	快速瞬变抗扰度为 2 级合格。
				005	1 级合格	快速瞬变抗扰度为 1 级合格。
				006	未检测	未检测快速瞬变抗扰度。
			1028		辐射电磁场抗扰度	对电气、电子设备进行测试，测定射频电磁场辐射时的产品的性能。测试的目的是建立一个共同的标准来评价电气和电子产品或系统的抗射频辐射电磁场干扰的能力。
				001	5 级合格	辐射电磁场抗扰度为 5 级合格。
				002	4 级合格	辐射电磁场抗扰度为 4 级合格。
				003	3 级合格	辐射电磁场抗扰度为 3 级合格。

表（续）

项目编码					项目名称	说明
物资专用信息标识代码	模块代码	表代码	字段代码	字段值代码		
				004	2 级合格	辐射电磁场抗扰度为 2 级合格。
				005	1 级合格	辐射电磁场抗扰度为 1 级合格。
				006	未检测	未检测辐射电磁场抗扰度。
			1029		浪涌（冲击）抗扰度	浪涌也叫电涌、突波，指超出正常工作电压的瞬间过电压。电源（只是主要指电源）刚开通的那一瞬息产生的强力脉冲，由于电路本身的非线性有可能有高于电源本身的脉冲；或者由于电源或电路中其他部分受到本身或外来尖脉冲干扰。
				001	5 级合格	浪涌（冲击）抗扰度为 5 级合格。
				002	4 级合格	浪涌（冲击）抗扰度为 4 级合格。
				003	3 级合格	浪涌（冲击）抗扰度为 3 级合格。
				004	2 级合格	浪涌（冲击）抗扰度为 2 级合格。
				005	1 级合格	浪涌（冲击）抗扰度为 1 级合格。
				006	未检测	未检测浪涌（冲击）抗扰度。
			1030		阻尼振荡波抗扰度/1MHz、100kHz 脉冲群抗扰度（保测）	验证设备受到阻尼振荡波时的抗扰度。
				001	5 级合格	阻尼振荡波抗扰度/1MHz、100kHz 脉冲群抗扰度（保测）为 5 级合格。
				002	4 级合格	阻尼振荡波抗扰度/1MHz、100kHz 脉冲群抗扰度（保测）为 4 级合格。
				003	3 级合格	阻尼振荡波抗扰度/1MHz、100kHz 脉冲群抗扰度（保测）为 3 级合格。
				004	2 级合格	阻尼振荡波抗扰度/1MHz、100kHz 脉冲群抗扰度（保测）为 2 级合格。
				005	1 级合格	阻尼振荡波抗扰度/1MHz、100kHz 脉冲群抗扰度（保测）为 1 级合格。
				006	未检测	未检测阻尼振荡波抗扰度/1MHz、100kHz 脉冲群抗扰度（保测）。

表（续）

项目编码					项目名称	说明
物资专用信息标识代码	模块代码	表代码	字段代码	字段值代码		
			1031		阻尼振荡磁场抗扰度	当导体在磁场中运动时，感应电流会使导体受到安培力，安培力的方向总是阻碍导体的运动的这种现象。当闭合导体与磁极发生相对运动时，两者之间会产生电磁阻力，阻碍相对运动。
				001	5 级合格	阻尼振荡磁场抗扰度为 5 级合格。
				002	4 级合格	阻尼振荡磁场抗扰度为 4 级合格。
				003	3 级合格	阻尼振荡磁场抗扰度为 3 级合格。
				004	2 级合格	阻尼振荡磁场抗扰度为 2 级合格。
				005	1 级合格	阻尼振荡磁场抗扰度为 1 级合格。
				006	未检测	未检测阻尼振荡磁场抗扰度。
			1032		工频磁场抗扰度	工频磁场可对各种电气和电子设备造成不同程度的影响，工频磁场抗扰度用于评价处于工频（连续和短时）磁场中的家用、商用和工业用电气和电子设备的磁场抗扰度性能评估。
				001	5 级合格	工频磁场抗扰度为 5 级合格。
				002	4 级合格	工频磁场抗扰度为 4 级合格。
				003	3 级合格	工频磁场抗扰度为 3 级合格。
				004	2 级合格	工频磁场抗扰度为 2 级合格。
				005	1 级合格	工频磁场抗扰度为 1 级合格。
				006	未检测	未检测工频磁场抗扰度。
			1033		电压跌落40%	电力系统中某点工频电压方均根值突然降低至 0.1p.u.～0.9p.u.，并短暂持续10ms～1min 后恢复正常的现象。此处指电压跌落 40%。
			1034		电压跌落70%	电力系统中某点工频电压方均根值突然降低至 0.1p.u.～0.9p.u.，并短暂持续10ms～1min 后恢复正常的现象。此处指电压跌落 70%。
			1035		电压跌落80%	电力系统中某点工频电压方均根值突然降低至 0.1p.u.～0.9p.u.，并短暂持续10ms～1min 后恢复正常的现象。此处指电压跌落 80%。

表（续）

项目编码					项目名称	说明
物资专用信息标识代码	模块代码	表代码	字段代码	字段值代码		
			1036		电压跌落0%	电力系统中某点工频电压方均根值突然降低至 0.1p.u.～0.9p.u.，并短暂持续10ms～1min 后恢复正常的现象。此处指电压跌落 100%。
			1037		脉冲磁场抗扰度（保护测控集成装置适用）	处于规定条件下脉冲磁场中的设备抗干扰的强度，适用于保护测控集成装置。
				001	5 级合格	脉冲磁场抗扰度为 5 级合格。
				002	4 级合格	脉冲磁场抗扰度为 4 级合格。
				003	3 级合格	脉冲磁场抗扰度为 3 级合格。
				004	2 级合格	脉冲磁场抗扰度为 2 级合格。
				005	1 级合格	脉冲磁场抗扰度为 1 级合格。
				006	未检测	未检测脉冲磁场抗扰度。
			1038		工频抗扰度（保护测控集成装置适用）	工频磁场可对各种电气和电子设备造成不同程度的影响，工频磁场抗扰度用于评价处于工频（连续和短时）磁场中的家用、商用和工业用电气和电子设备的磁场抗扰度性能评估。
				001	5 级合格	工频抗扰度为 5 级合格。
				002	4 级合格	工频抗扰度为 4 级合格。
				003	3 级合格	工频抗扰度为 3 级合格。
				004	2 级合格	工频抗扰度为 2 级合格。
				005	1 级合格	工频抗扰度为 1 级合格。
				006	未检测	未检测工频抗扰度。
			1039		射频场感应的传导骚扰抗扰度（保护测控集成装置适用）	由射频发射机产生空间电磁场，这些电磁场可以在敏感设备的各种连接馈线上感应电流（或电压），作用于设备的敏感部分，对设备产生骚扰；各种骚扰源通过连接到设备上的电源线或信号线、天线等直接对设备产生骚扰。
				001	5 级合格	射频场感应的传导骚扰抗扰度为 5 级合格。
				002	4 级合格	射频场感应的传导骚扰抗扰度为 4 级合格。

表（续）

项目编码					项目名称	说明
物资专用信息标识代码	模块代码	表代码	字段代码	字段值代码		
				003	3级合格	射频场感应的传导骚扰抗扰度为3级合格。
				004	2级合格	射频场感应的传导骚扰抗扰度为2级合格。
				005	1级合格	射频场感应的传导骚扰抗扰度为1级合格。
				006	未检测	未检测射频场感应的传导骚扰抗扰度。
			1040		辐射发射（保护测控集成装置适用）	物质吸收能量后产生电磁辐射的现象，其实质为辐射跃迁，即当物质的粒子吸收能量被激发至高能（E_2）后，瞬间返回基态或低能态（E_1），多余的能量以电磁辐射的形式释放出来。
				001	A级合格	辐射发射为A级合格。
				002	B级合格	辐射发射为B级合格。
				003	未检测	未检测辐射发射。
			1041		传导发射（保护测控集成装置适用）	通常也会被称为骚扰电压测试，只要有电源线的产品都会涉及，包括许多直流供电产品。另外，信号/控制线在不少标准中也有传导发射的要求，通常用骚扰电压或骚扰电流的限值（两者有相互转换关系）来表示。
				001	A级合格	传导发射测试为A级合格。
				002	B级合格	传导发射测试为B级合格。
				003	未检测	未进行传导发射测试。
			1042		时间同步监测管理功能检测	时间同步系统是一种能接收外部时间基准信号，并按照要求的时间精度向外输出时间同步信号和时间信息的系统，它能使网络内其他时钟对准并同步。
				001	合格	时间同步监测管理功能检测合格。
				002	不合格	时间同步监测管理功能检测不合格。
				003	未检测	未进行时间同步监测管理功能检测。
			1043		报告扫描件	用扫描仪将检测报告正本扫描得到的电子文件。
		04			动模试验报告数据表	反映动模试验检测报告数据内容情况的列表。

表（续）

项目编码					项目名称	说明
物资专用信息标识代码	模块代码	表代码	字段代码	字段值代码		
			1001		产品类型	将产品进行归类。
			1002		适用电压等级	若产品有额定电压等级，则填写额定电压，否则填写应用的工程电压等级。
				001	1000kV	1000kV 电压等级。
				002	750kV	750kV 电压等级。
				003	500kV	500kV 电压等级。
				004	330kV	330kV 电压等级。
				005	220kV	220kV 电压等级。
				006	110kV	110kV 电压等级。
				007	66kV	66kV 电压等级。
				008	35kV	35kV 电压等级。
				999	其他	其他的电压等级。
			1003		试品全称	试验产品的完整名称。
			1004		产品型号	便于使用、制造、设计等部门进行业务联系和简化技术文件中产品名称、规格、型式等叙述而引用的一种代号。
			1005		报告编号	采用字母、数字混合字符组成的用以标识检测报告的完整的、格式化的一组代码，是检测报告上标注的报告唯一性标识。
			1006		软件版本	包含两种不同含义：① 为满足不同用户的不同使用要求，如适用于不同运行环境或不同平台的系列产品；② 软件产品投入使用以后，经过一段时间运行提出了变更的要求，需要做较大的修正或纠错，增强功能或提高性能。
			1007		报告出具日期	企业检测报告出具的年月日，采用 YYYYMMDD 的日期形式。
			1008		检测结论	对检测项目的结论/结果。
				001	合格	检测结论合格。
				002	不合格	检测结论不合格。
				003	未检测	未进行检测结论。

表（续）

项目编码					项目名称	说明
物资专用信息标识代码	模块代码	表代码	字段代码	字段值代码		
			1009		检测机构	应申请检验人的要求，对产品进行检验后所出具书面证明的检验机构，也是出具检测报告的单位或部门。
			1010		报告扫描件	用扫描仪将检测报告正本扫描得到的电子文件。
		05			**DL/T 860 一致性测试报告**	反映一致性测试报告数据内容情况的列表。
			1001		产品类别	将产品进行归类。
			1002		试品全称	试验产品的完整名称。
			1003		产品型号	便于使用、制造、设计等部门进行业务联系和简化技术文件中产品名称、规格、型式等叙述而引用的一种代号。
			1004		报告编号	采用字母、数字混合字符组成的用以标识检测报告的完整的、格式化的一组代码，是检测报告上标注的报告唯一性标识。
			1005		检测机构	应申请检验人的要求，对产品进行检验后所出具书面证明的检验机构，也是出具检测报告的单位或部门。
			1006		DL/T 860 一致性测试是否合格	反映一致性测试情况。
				001	合格	一致性测试合格。
				002	不合格	一致性测试不合格。
				003	未检测	未进行一致性测试。
			1007		报告出具日期	企业检测报告出具的年月日，采用 YYYYMMDD 的日期形式。
			1008		报告扫描件	用扫描仪将检测报告正本扫描得到的电子文件

附　录　C
（规范性附录）
生　产　制　造

项目编码					项目名称	说明
物资专用信息标识代码	模块代码	表代码	字段代码	字段值代码		
略	E				**生产制造**	生产企业整合相关的生产资源，按预定目标进行系统性的从前端概念设计到产品实现的物化过程。
		01			**生产厂房**	反映企业生产厂房属性的统称。
			1001		板件生产车间面积	生产板件的厂房车间面积。
			1002		装置生产车间面积	生产装置的厂房车间面积。
			1003		配线生产车间面积	生产配线的厂房车间面积。
			1004		老化车间总面积	厂房中老化车间总面积。
			1005		是否有防尘、防静电措施	元器件储存、SMT、板件和插件等仓储、生产和检测场所是否有完善的防尘、防静电措施。
				001	是	元器件储存、SMT、板件和插件等仓储、生产和检测场所有完善的防尘、防静电措施。
				002	否	元器件储存、SMT、板件和插件等仓储、生产和检测场所没有完善的防尘、防静电措施。
			1006		板件及插件生产制造是否有自动化生产线	板件及插件生产制造是否有自动化生产线。
				001	是	板件及插件生产制造有自动化生产线。
				002	否	板件及插件生产制造没有自动化生产线。
		02			**主要生产设备**	反映企业拥有的关键生产设备的统称。
			1001		生产设备	在生产过程中为生产工人操纵的，直接改变原材料属性、性能、形态或增强外观价值所必需的劳动资料或器物。

表（续）

项目编码					项目名称	说明
物资专用信息标识代码	模块代码	表代码	字段代码	字段值代码		
			1002		设备类别	将设备按照不同种类进行区别归类。
				001	元器件筛选设备	用于筛选元器件的设备。
				002	单插件生产设备	用于生产单插件的设备。
				003	单插件检测设备	用于检测单插件的设备。
				004	整机检测设备	用于检测整机的设备。
				005	高温老化设备	老化设备。
				006	屏柜生产检测设备	用于生产检测屏柜的设备。
			1003		设备用途	设备的作用和使用场合。
				001	进货检验（抽检）	用于进货的检验。
				002	单插件生产调试	用于生产调试单插件。
				003	整机调试	用于调试整机。
				004	屏柜生产调试	用于生产调试屏柜
				999	其他	其他的用途。
			1004		设备名称	在生产过程中为生产工人操纵的，直接改变原材料属性、性能、形态或增强外观价值所必需的劳动资料或器物的名称。
			1005		设备型号	将设备按照不同种类进行区别归类。
			1006		数量	设备的数量。
			1007		单位	数学方面或物理方面计量事物的标准量的名称，指"台、个、只"等量词
				001	台	单位为台。
				002	套	单位为套。
				003	个	单位为个。
				004	只	单位为只。

表（续）

项目编码					项目名称	说明
物资专用信息标识代码	模块代码	表代码	字段代码	字段值代码		
			1008		设备制造商	制造设备的生产厂商，不是代理商或贸易商。
			1009		设备原产地	设备的最初来源，即设备的生产地。
			1010		设备出厂日期	合格设备的离厂时间。
			1011		设备单价	单台设备购买的完税后价格，一般以万元为单位。
		03			**生产工艺控制**	反映生产工艺控制过程中一些关键要素的统称。
			1001		生产工艺环节	生产者利用生产工具对各种原材料、半成品进行增值加工或处理,最终使之成为制成品的方法与过程。
				001	进货检验（抽检）	对进货进行检验（抽检）。
				002	单插件生产调试	对单插件进行生产调试。
				003	整机调试	对整机进行调试。
				004	屏柜生产调试	对屏柜进行生产调试。
				999	其他	其他的工艺环节。
			1002		工艺控制文件名称	主要描述通过过程控制，实现最终产品的操作文件的名称。
			1003		工艺控制文件	主要描述通过程控制，实现最终产品的操作文件。
			1004		主要关键措施	对产品的质量、性能、功能、生产效率等有重要影响的工艺。
			1005		保障提升产品性能质量的作用	在保障提升产品性能质量上所起到的作用。
			1006		生产工艺整体控制情况	按照工艺要求，对范围、成本、检测、质量等方面实施情况的总体评价。
				001	良好	生产工艺整体执行良好。
				002	一般	生产工艺整体执行一般。
				003	较差	生产工艺整体执行较差。

表（续）

项目编码					项目名称	说明
物资专用信息标识代码	模块代码	表代码	字段代码	字段值代码		
			1007		工艺流程图文件名称	工艺流程图文件的名称。
			1008		关键质量控制节点名称	关键质量控制节点的名称

附 录 D
（规范性附录）
试 验 检 测

项目编码					项目名称	说明
物资专用信息标识代码	模块代码	表代码	字段代码	字段值代码		
略	F				**试验检测**	用规范的方法检验测试某种物体指定的技术性能指标。
		01			**试验检测设备一览表**	反映试验检测设备属性情况的列表。
			1001		试验检测设备	一种产品或材料在投入使用前，对其质量或性能按设计要求进行验证的仪器。
			1002		设备名称	一种设备的专用称呼
				001	绝缘耐压测试仪	对各种高压电气设备、电器元件、绝缘材料进行工频或直流高压下的绝缘强度试验的设备。用于测试绝缘耐压。
				002	交流采样测量装置校验仪	用于校验交流采样测量装置的仪器名称。
				003	直流采样测量装置校验仪	用于校验直流采样测量装置的仪器名称。
				004	继电保护测试仪	用于继电保护测试的仪器名称。
				005	单插件自动检测设备	用于自动检测单插件的设备名称。
				006	整机自动检测装置	用于检测整机的装置名称。
				007	微机保护测试仪	充分使用现代先进的微电子技术和器件实现的一种新型小型化微机继电保护测试仪。
				008	数字化微机保护测试仪	数字化微机保护测试仪的名称。
				009	网络分析仪	一种能在宽频带内进行扫描测量以确定网络参量的综合性微波测量仪器。
				010	时钟系统	由振荡器（信号源）、定时唤醒器、分频器等组成的电路。

表（续）

项目编码					项目名称	说明
物资专用信息标识代码	模块代码	表代码	字段代码	字段值代码		
			1003		设备型号	便于使用、制造、设计等部门进行业务联系和简化技术文件中产品名称、规格、型式等叙述而引用的一种代号。
			1004		检测项目	为了了解产品性能而进行的检验项目。
			1005		数量	设备的数量。
			1006		单位	数学方面或物理方面计量事物的标准量的名称，指"台、个、只"等量词。
				001	台	单位为台。
				002	套	单位为套。
				003	个	单位为个。
				004	只	单位为只。
			1007		设备单价	单台设备购买的完税后价格，一般以万元为单位。
			1008		设备制造商	制造设备的生产厂商，不是代理商或贸易商。
			1009		设备制造商原产地	设备的最初来源，即设备的生产地。
			1010		设备出厂日期	合格设备的离厂时间。
			1011		是否具有有效期内的检定证书	是否具备由法定计量检定机构对仪器设备出具的证书。
				001	是	具有有效期内的检定证书。
				002	否	没有有效期内的检定证书。
			1012		是否在质检有效期内	核实设备的质检是否在有效期内。
				001	是	在质检有效期内。
				002	否	不在质检有效期内。
		02			**试验检测人员一览表**	反映试验检测人员情况的列表。
			1001		姓名	在户籍管理部门正式登记注册、人事档案中正式记载的姓氏名称，正在使用的称呼。

表（续）

项目编码					项目名称	说明
物资专用信息标识代码	模块代码	表代码	字段代码	字段值代码		
			1002		岗位名称	从事岗位的具体名称。
			1003		职称	最初源于职务名称,理论上职称是指专业技术人员的专业技术水平、能力以及成就的等级称号,是反映专业技术人员的技术水平、工作能力的标志。
			1004		学历	由国家认可的员工在国内、外各类教育机构接收正式教育并取得学历证书的学习经历。
				001	博士及以上	取得博士研究生及以上毕业证书。
				002	硕士	取得硕士研究生毕业证书。
				003	本科	取得大学本科毕业证书,学生毕业后一般可获"学士"学位。
				999	其他	其他的学历,大专、高中等。
			1005		是否具有培训证明	是否具有证明参与培训的文件
				001	是	具有培训证明。
				002	否	没有培训证明。
			1006		培训单位	进行培训的单位名称
		03			**现场抽样检测记录表**	反映现场抽样检测记录情况的列表。
			1001		现场抽样检测时间	现场随机抽取产品进行试验检测的具体日期,采用 YYYYMMDD 的日期形式。
			1002		产品类别	将产品进行归类。
			1003		产品型号	便于使用、制造、设计等部门进行业务联系和简化技术文件中产品名称、规格、型式等叙述而引用的一种代号。
			1004		抽样检测项目	从欲检测的全部样品中抽取一部分样品单位进行检测的项目。
				001	外观检查	用肉眼或借助样板,或用低倍放大镜观察表面缺陷的方法。
				002	基本性能试验（包括部分测量精度、SOE 分辨率等）	验证设备的基本性能的试验,包括部分测量精度、SOE 分辨率等。

表（续）

项目编码					项目名称	说明
物资专用信息标识代码	模块代码	表代码	字段代码	字段值代码		
				003	绝缘电阻测试	由交流电网或电池供电，通过电子电路进行信号变换和处理，对电气设备、绝缘材料和绝缘结构等的绝缘性能进行检测和试验。
				004	连续通电实验	对设备进行连续通电以检验设备持续运行的性能的试验。
			1005		抽样检测产品编号	同一类型产品生产出来后给定的用来识别某类型产品中的每一个产品的一组代码，由数字和字母或其他代码组成，一般指检测产品上用来识别产品的编号。
			1006		抽样检测结果	对抽取样品检测项目的结论/结果。
				001	通过	抽样检测通过。
				002	未通过	抽样检测不通过。
			1007		抽样检测记录	对样品检测的记录

附 录 E
（规范性附录）
原 材 料/组 部 件

项目编码					项目名称	说明
物资专用信息标识代码	模块代码	表代码	字段代码	字段值代码		
略	G				**原材料/组部件**	对于生产某种产品所需的基本原料或组成部件的相应管理活动/制度。
		01			**原材料/组部件一览表**	反映原材料或组部件情况的列表
			1001		产品型号	便于使用、制造、设计等部门进行业务联系和简化技术文件中产品名称、规格、型式等叙述而引用的一种代号。
			1002		原材料/组部件类型	原材料/组部件所属的类别。
				001	处理器	计算机中的核心配件。其功能主要是解释计算机指令以及处理计算机软件中的数据。
				002	存储器	在电子计算机中，用来存储数据和指令等的记忆部件，叫作存储器。
				003	模数转换器	即 A/D 转换器，或简称 ADC，通常是指一个将模拟信号转变为数字信号的电子元件。
				004	开关电源	一种高频化电能转换装置，是电源供应器的一种。开关电源的输入多半是交流电源（例如市电）或是直流电源，而输出多半是需要直流电源的设备。
				005	连接器	一般指电器连接器，即连接两个有源器件的器件，传输电流或信号。连接器在电路内被阻断处或孤立不通的电路之间架起沟通的桥梁，使电流流通，从而使电路实现预定的功能。

表（续）

项目编码					项目名称	说明
物资专用信息标识代码	模块代码	表代码	字段代码	字段值代码		
				006	继电器	一种电控制器件，是当输入量（激励量）的变化达到规定要求时，在电气输出电路中使被控量发生预定的阶跃变化的一种电器。继电器一般都有能反映一定输入变量（如电流、电压、功率、阻抗、频率、温度、压力、速度、光等）的感应机构（输入部分）；有能对被控电路实现"通""断"控制的执行机构（输出部分）；在继电器的输入部分和输出部分之间，还有对输入量进行耦合隔离，功能处理和对输出部分进行驱动的中间机构（驱动部分）。
				007	接线端子	用于实现电气连接的一种配件产品，工业上划分为连接器的范畴。接线端子是为了方便导线的连接而应用的，是一段封在绝缘塑料里面的金属片，两端都有孔可以插入导线，有螺丝用于紧固或者松开。
				008	显示器	一种将一定的电子文件通过特定的传输设备显示到屏幕上再反射到人眼的显示工具。可以通过显示器看到电子文件。
				009	单插件(如委外加工)	遵循一定规范的应用程序接口编写出来的程序，主要用来扩展软件功能。
			1003		原材料/组部件名称	生产某种产品的基本原料的名称，或产品的组成部件的名称。
			1004		原材料/组部件型号	反应原材料/组部件的性质、性能、品质等一系列的指标，一般由一组字母和数字以一定的规律编号组成，如品牌、等级、成分、含量、纯度、大小（尺寸、重量）等。
			1005		供应方式	物资从生产领域生产出来之后，经过交换流向用户所采取的方式。
				001	自制	自行制订、自己制造。
				002	外协	一般可以称之为部分带料加工，或称部分工序委外，最终的销售件 BOM 中包含的所有组件，一部分物权是本方企业，另一部分物权为加工方，本方不但支付加工费还要支付非本方采购的物料的费用。

表（续）

项目编码					项目名称	说明
物资专用信息标识代码	模块代码	表代码	字段代码	字段值代码		
				003	外购	一般指生产最终的销售件 BOM 中包含的所有组件的物权统统是加工方的，本方不负责采购任何原材料，等加工方加工完成品以后，直接购买成品。
				999	其他	其他的供应方式。
			1006		原材料/组部件供应商名称	直接向零售商提供原材料/组部件的企业及其分支机构、个体工商户，包括制造商、经销商和其他中介商。
			1007		原材料/组部件原产地	原材料/组部件的生产地。
			1008		合作方式	与原材料/组部件供应商的合作方式。
				001	招标采购	采购方作为招标方，事先提出采购的条件和要求，邀请众多企业参加投标，然后由采购方按照规定的程序和标准一次性的从中择优选择交易对象，并与提出最有利条件的投标方签订协议的过程。
				002	长期合作	长时间的合作。
				003	短期合作	短时间的合作。
				999	其他	其他的合作方式。
			1009		原材料/组部件供货周期	原材料/组部件从接收到客户订单到货物生产完毕，可以装船（或者交运）的时间。
				001	签订合同后半个月内	原材料/组部件供货周期为签订合同后半个月内。
				002	签订合同后半个月到 1 个月	原材料/组部件供货周期为签订合同后半个月到 1 个月。
				003	签订合同后1 到 3 个月	原材料/组部件供货周期为签订合同后1 到 3 个月。
				004	签订合同后3 个月到 6 个月	原材料/组部件供货周期为签订合同后3 个月到 6 个月。
				005	签订合同后 6 个月至 12 个月	原材料/组部件供货周期为签订合同后6 个月至 12 个月。

表（续）

项目编码					项目名称	说明
物资专用信息标识代码	模块代码	表代码	字段代码	字段值代码		
				006	签订合同后12个月以上	原材料/组部件供货周期为签订合同后12个月以上。
			1010		原材料/组部件入厂检测方式	为确定某一物质的性质、特征、组成等而进行的试验，或根据一定的要求和标准来检查试验对象品质的优良程度的方式。
				001	自检	指由本厂实施，根据某种标准对被检查产品进行检查。
				002	抽检	从一批产品中按照一定规则随机抽取少量产品（样本）进行检验，据以判断该批产品是否合格的统计方法，依据抽样方案规则（一次抽或分几次抽、抽多少）抽出产品进行检验。
				003	委外检测	指委托给其他具有相关资质的单位实施，根据某种标准对被检查产品进行检测。
				004	不检	不用检查或没有检查。
			1011		原材料/组部件抽检方案	从一批原材料/组部件中随机抽取少量产品（样本）进行检验。
			1012		原材料/组部件检测项目及记录	对原材料或组部件进行检测的项目及相关记录

通信设备供应商专用信息

目　　次

通信设备供应商专用信息

1 范围

本部分规定了通信设备类物资供应商的报告证书、研发设计等专用信息数据规范。

本部分适用于国家电网有限公司供应商资质能力信息核实工作，以及涉及供应商数据的相关应用。

本部分适用的通信设备类物料及其物料组编码见附录 A。

2 规范性引用文件

下列文件对于本文件的应用是必不可少的。凡是注日期的引用文件，仅注日期的版本适用于本文件。凡是不注日期的引用文件，其最新版本（包括所有的修改单）适用于本文件。

GB/T 4831—2016　旋转电机产品型号编制方法

GB/T 15416—2014　科技报告编号规则

GB/T 36104—2018　法人和其他组织统一社会信用代码数据元

DL/T 645—2007　多功能电能表通信协议

DL/T 700—2017　电力物资分类与编码导则

DL/T 1509—2016　电力系统光传送网（OTN）技术要求

3 术语和定义

下列术语和定义适用于本文件。

3.1

报告证书　**report certificate**

具有相应资质、权力的机构或机关等颁发的证明资格或权力的文件。

3.2

研发设计　**research and development design**

将需求转换为产品、过程或体系规定的特性或规范的一组过程。

4 符号

下列符号适用于本文件。

Gbit/s：吉字节每秒，传输速率。

Mbit/s：兆字节每秒，传输速率。

5 报告证书

报告证书包括检测报告数据表、供应商资质、进网许可证，报告证书见附录 B。

5.1 检测报告数据表

检测报告数据表包括产品类型、产品型号、最大可支持波数、最高速率、生产厂家、报告编号、出具日期、有效期至、出具机构、报告扫描件。

5.2 供应商资质

供应商资质包括资质类型、颁发机构、证书编号、发证日期、有效期至、证书扫描件。

5.3 进网许可证

进网许可证包括产品类型、产品型号、生产厂家、证书编号、发证日期、有效期至、证书扫描件。

6 研发设计

研发设计包括自主软件、人员构成，研发设计信息见附录 C。

6.1 自主软件

自主软件包括类型、软件名称、证书编号、发证日期、有效期至、发证单位、证书扫描件。

6.2 人员构成

人员构成包括员工总数、管理人员数量、设计研发人员数量、技术工人数量、通信技术人员数量、高级项目经理数量、项目经理数量、高级职称人员总数、中级职称人员总数。

附 录 A
（规范性附录）
适用的物资及物资专用信息标识代码

物资类别	物料所属大类	物资所属中类	物资所属小类	物资名称	物资专用信息标识代码
光纤通信设备	通信设备	光纤通信设备	SDH设备、PTN设备、OTN设备	OTN光放站设备	G1202009
光纤通信设备	通信设备	光纤通信设备	SDH设备、PTN设备、OTN设备	OTN电交叉设备	G1202010
光纤通信设备	通信设备	光纤通信设备	SDH设备、PTN设备、OTN设备	SDH设备	G1202011

附 录 B
（规范性附录）
报 告 证 书

项目编码					项目名称	说明
物资专用 信息标识 代码	模块 代码	表 代码	字段 代码	字段值 代码		
略	C				**报告证书**	具备相应资质、权力的机构或机关等颁发的证明资格或权力的文件。
		01			**检测报告数据表**	反映检测报告数据内容情况的列表。
			1001		产品类型	将产品按照一定规则归类后,该类产品对应的类别。
			1002		产品型号	便于使用、制造、设计等部门进行业务联系和简化技术文件中产品名称、规格、型式等叙述而引用的一种代号。
			1003		最大可支持波数	最多可以支持的波数。
			1004		最高速率	数据从一点向另一点传输的最高的速率,最高速率是衡量系统传输能力的主要指标。
				001	40Gbit/s	传输速率每秒 40Gbit/s。
				002	10Gbit/s	传输速率每秒 10Gbit/s。
				003	2.5Gbit/s	传输速率每秒 2.5Gbit/s。
				004	1Gbit/s	传输速率每秒 1Gbit/s。
				005	622Mbit/s	传输速率每秒 622Mbit/s。
				006	155Mbit/s	传输速率每秒 155Mbit/s。
				999	其他	除上述外的其他传输速率。
			1005		生产厂家	产品的生产单位。
			1006		报告编号	采用字母、数字混合字符组成的用以标识检测报告的完整的、格式化的一组代码,是检测报告上标注的报告唯一性标识。
			1007		出具日期	企业检测报告出具的年月日,采用YYYYMMDD 的日期形式。
			1008		有效期至	认证证书有效期的截止年月日,采用YYYYMMDD 的日期形式。
			1009		出具机构	应申请检验人的要求,对产品进行检验后所出具书面证明的检验机构。

表（续）

项目编码					项目名称	说明
物资专用信息标识代码	模块代码	表代码	字段代码	字段值代码		
			1010		报告扫描件	用扫描仪将检测报告正本扫描得到的电子文件。
		02			**供应商资质**	从事某种工作或活动所具备的条件、资格、能力等。
			1001		资质类型	资质的种类。
			1002		颁发机构	资质评定机关的中文全称,出具生产技术人员资质证书的单位或部门。
			1003		证书编号	资质证书的编号或号码。
			1004		发证日期	资质评定机关核发资质证书的年月日,采用 YYYYMMDD 的日期形式。
			1005		有效期至	资质证书登记的有效期的终止日期,采用 YYYYMMDD 的日期形式。
			1006		证书扫描件	用扫描仪将资质证书正本扫描得到的电子文件。
		03			**进网许可证**	包含证书编号、申请单位、生产企业、设备名称、设备型号、产地、备注、证书签发日期、证书有效日期的许可证书,由中华人民共和国工业和信息化部颁发。
			1001		产品类型	将产品按照一定规则归类后,该类产品对应的类别。
			1002		产品型号	便于使用、制造、设计等部门进行业务联系和简化技术文件中产品名称、规格、型式等叙述而引用的一种代号。
			1003		生产厂家	产品的生产单位。
			1004		证书编号	证书的编号或号码。
			1005		发证日期	资质评定机关核发资质证书的年月日,采用 YYYYMMDD 的日期形式。
			1006		有效期至	资质证书登记的有效期的终止日期,采用 YYYYMMDD 的日期形式。
			1007		证书扫描件	用扫描仪将证书正本扫描得到的电子文件

附 录 C
（规范性附录）
研 发 设 计

项目编码					项目名称	说明
物资专用信息标识代码	模块代码	表代码	字段代码	字段值代码		
略	D				**研发设计**	将需求转换为产品、过程或体系规定的特性或规范的一组过程。
		01			**自主软件**	由企业通过自有资源开展设计并获得的设计成果。通过自主设计研发方式获得的设计软件。
			1001		类型	自主软件归属的分类。
			1002		软件名称	设计软件的专属名词。
			1003		证书编号	证书的编号或号码,用来查询证书的相关信息。
			1004		发证日期	资质评定机关核发资质证书的年月日,采用 YYYYMMDD 的日期形式。
			1005		有效期至	资质证书登记的有效期的终止日期,采用 YYYYMMDD 的日期形式。
			1006		发证单位	资质评定机关的中文全称,出具生产技术人员资质证书的单位或部门。
			1007		证书扫描件	用扫描仪将证书正本扫描得到的电子文件。
		02			**人员构成**	人员组成情况。
			1001		员工总数	员工的全部数量。
			1002		管理人员数量	从事管理工作的人员数量。
			1003		设计研发人员数量	从事设计研发的人员数量。
			1004		技术工人数量	从事通信工程建设的工人数量。
			1005		通信技术人员数量	从事通信技术相关的工作人员数量。
			1006		高级项目经理数量	项目经理中拥有丰富经验,获得优秀项目的项目经理。
			1007		项目经理数量	负责项目的项目经理数量。
			1008		高级职称人员总数	拥有高级职称及以上的人员总数。
			1009		中级职称人员总数	拥有中级职称的人员数量

电能表供应商专用信息

目　次

电能表供应商专用信息

1 范围

本部分规定了电能表类物资供应商的报告证书、生产制造、试验检测等专用信息数据规范。

本部分适用于国家电网有限公司供应商资质能力信息核实工作，以及涉及供应商数据的相关应用。

本部分适用的电能表类物料及其物料组编码见附录 A。

2 规范性引用文件

下列文件对于本文件的应用是必不可少的。凡是注日期的引用文件，仅注日期的版本适用于本文件。凡是不注日期的引用文件，其最新版本（包括所有的修改单）适用于本文件。

GB 150.7—86 军用设备环境试验方法 阳光辐射试验

GB 2423.2—2008 电工电子产品基本试验规程 试验 B：高温试验方法

GB 2424.1—2005 电工电子产品基本环境试验规程 高温低温试验导则

GB 4208—2008 防护等级

GB 4706.1 家用电器通用安全标准

GB 4797.4—1989 电工电子产品自然环境条件 阳光辐射与温度

GB 11158—2008 高温试验箱技术条件

GB 11714 全国组织机构代码编制规则

GB/T 2423.1—2001 电工电子产品环境试验 第 2 部分：试验方法 试验 A：低温

GB/T 2423.24—1995 电工电子产品环境试验 第 2 部分：试验方法

GB/T 4831—2016 旋转电机产品型号编制方法

GB/T 4857.10—2005 包装 运输包装件基本试验

GB/T 4857.23—2003 包装 运输包装件 随机振动试验方法

GB/T 4937—1995 半导体器件机械和气候试验方法

GB/T 10485—2007 道路车辆 外部照明和光信号装置环境耐久性

GB/T 10592—2008 高低温试验箱技术条件

GB/T 15416—2014 科技报告编号规则

GB/T 17215.321—2008 交流电测量设备 特殊要求

GB/T 17626.5—2008 试验和测量技术 浪涌（冲击）抗扰度试验

GB/T 36104—2018　法人和其他组织统一社会信用代码数据元

DL/T 848.2—2004　高压试验装置通用技术条件　第 2 部分：工频高压试验装置

JB/T 7488—94　波峰焊工艺规范

3　术语和定义

下列术语和定义适用于本文件。

3.1

报告证书　report certificate

具有相应资质、权力的机构或机关等颁发的证明资格或权力的文件。

3.2

生产制造　production-manufacturing

生产企业整合相关的生产资源，按预定目标进行系统性的从前端概念设计到产品实现的物化过程。

3.3

试验检测　test verification

用规范的方法检验测试某种物体指定的技术性能指标。

4　符号和缩略语

下列符号和缩略语适用于本文件。

4.1　符号

V：伏特，电压单位。

A：安培，电流单位。

℃：摄氏度，温度单位。

4.2　缩略语

CPA：计量器具型式批准证书。

5　报告证书

报告证书包括全性能试验报告一览表、计量器具型式批准证书（CPA）、最高标准计量标准考核证书，报告证书见附录 B。

5.1　全性能试验报告一览表

全性能试验报告一览表包括产品类别、报告编号、产品型号、报告出具机构、检测报告有效期至、报告扫描件。

5.2　计量器具型式批准证书（CPA）

计量器具型式批准证书（CPA）包括计量器具名称、证书编号、型号、电压测量范围、电流测量范围、准确度等级、发证机构、发证时间、证书扫描件。

5.3　最高标准计量标准考核证书

最高标准计量标准考核证书包括证书编号、不确定度或准确度等级或最大允许误差、发证机构、有效期至、证书扫描件。

6 生产制造

生产制造包括生产厂房、主要生产设备、生产工艺控制，生产制造信息见附录C。

6.1 生产厂房

生产厂房包括生产厂房所在地、厂房权属情况、厂房自有率、租赁起始日期、租赁截止日期、厂区总面积、封闭厂房总面积、是否含净化车间、净化车间总面积、净化车间洁净度、净化车间平均温度、净化车间平均相对湿度、净化车间洁净度检测报告扫描件、生产车间总面积、土地使用年限、产权证取得时间。

6.2 主要生产设备

主要生产设备的信息包括设备类别、设备名称、设备型号、设备单价及数量、主要技术参数项、购置日期、产权类型（自有）、设备制造商。

6.3 生产工艺控制

生产工艺控制主要工序名称、工艺文件名称、是否具有相应记录、工艺文件整体执行情况、工艺流程图扫描件、工艺文件扫描件。

7 试验检测

试验检测主要包括试验检测设备一览表、试验检测人员一览表、现场抽样检测记录表，试验检测信息见附录D。

7.1 试验检测设备一览表

试验检测设备一览表包括试验检测设备、设备类别、主要技术参数项、设备名称、设备型号、试验设备单价及数量、购置日期、产权类型（自有）、试验设备制造商、是否在质检有效期内、合同、发票、照片扫描件。

7.2 试验检测人员一览表

试验检测人员一览表包括姓名、资质证书名称、资质证书编号、资质证书出具机构、资质证书出具时间、有效期至、资质证书扫描件。

7.3 现场抽样检测记录表

现场抽样检测记录表包括现场抽样检测时间、样品型号规格、现场抽样结果、检测报告扫描件。

附　录　A
（规范性附录）
适用的物资及物资专用信息标识代码

物资类别	物料所属大类	物资所属中类	物资名称	物资专用信息标识代码
电能表	仪器仪表	电能表	单相智能电能表	G1307017
电能表	仪器仪表	电能表	三相智能电能表	G1307018

附 录 B
（规范性附录）
报 告 证 书

项目编码					项目名称	说明
物资专用信息标识代码	模块代码	表代码	字段代码	字段值代码		
略	C				报告证书	具有相应资质、权力的机构或机关等颁发的证明资格或权力的文件。
		01			全性能试验报告一览表	反映全性能试验报告数据内容的列表。
			1001		产品类别	将产品按照一定规则归类后,该类产品对应的类别。
			1002		报告编号	采用字母、数字混合字符组成的用以标识检测报告的完整的、格式化的一组代码,是检测报告上标注的报告唯一性标识。
			1003		产品型号	便于使用、制造、设计等部门进行业务联系和简化技术文件中产品名称、规格、型式等叙述而引用的一种代号。
			1004		报告出具机构	应申请检验人的要求,对产品进行检验后所出具书面证明的检验机构。
			1005		检测报告有效期至	认证证书有效期的截止年月日,采用 YYYYMMDD 的日期形式。
			1006		报告扫描件	用扫描仪将检测报告正本扫描得到的电子文件。
		02			计量器具型式批准证书（CPA）	反映计量器具型式批准证书数据内容的列表。
			1001		计量器具名称	计量仪器统一量值的标准物质。
			1002		证书编号	证书上标注的证书唯一性标识。
			1003		型号	反映商品性质、性能、品质等一系列的指标,一般由一组字母和数字以一定的规律编号组成。如品牌、等级、成分、含量、纯度、大小（尺寸、重量）等。
			1004		电压测量范围	电压测量的最小值到最大值的测量范围。

表（续）

项目编码					项目名称	说明
物资专用信息标识代码	模块代码	表代码	字段代码	字段值代码		
			1005		电流测量范围	电流测量的最小值到最大值的测量范围。
			1006		准确度等级	按准确度高低分成的等级。
			1007		发证机构	对售后服务人员进行资质评定的机构中文全称。
			1008		发证时间	主要售后服务人员证书发布的年月日，采用 YYYYMMDD 的日期形式。
			1009		证书扫描件	用扫描仪将证书正本扫描得到的电子文件。
		03			**最高标准计量标准考核证书**	反映最高标准计量标准考核证书数据内容的列表。
			1001		证书编号	证书上标注的证书唯一性标识。
			1002		不确定度或准确度等级或最大允许误差	由于测量误差的存在,对被测量值的不能肯定的程度。
			1003		发证机构	对售后服务人员进行资质评定的机构中文全称。
			1004		有效期至	资质证书有效期的截止年月日,采用 YYYYMMDD 的日期形式。
			1005		证书扫描件	用扫描仪将证书正本扫描得到的电子文件

附 录 C
（规范性附录）
生 产 制 造

项目编码					项目名称	说明
物资专用信息标识代码	模块代码	表代码	字段代码	字段值代码	项目名称	说明
略	E				**生产制造**	生产企业整合相关的生产资源，按预定目标进行系统性的从前端概念设计到产品实现的物化过程。
		01			**生产厂房**	反映企业生产厂房属性的统称。
			1001		生产厂房所在地	生产厂房的地址，包括所属行政区划名称，乡（镇）、村、街名称和门牌号。
			1002		厂房权属情况	指厂房产权在主体上的归属状态。
				001	自有	指产权归属自己。
				002	租赁	按照达成的契约协定，出租人把拥有的特定财产（包括动产和不动产）在特定时期内的使用权转让给承租人，承租人按照协定支付租金的交易行为。
				003	部分自有	指部分产权归属自己。
			1003		厂房自有率	自有厂房面积占厂房总面积的比例。
			1004		租赁起始日期	租赁的起始年月日，采用YYYYMMDD的日期形式。
			1005		租赁截止日期	租赁的截止年月日，采用YYYYMMDD的日期形式。
			1006		厂区总面积	厂区总的面积（m²）。
			1007		封闭厂房总面积	设有屋顶，建筑外围护结构全部采用封闭式墙体（含门、窗）构造的生产性（储存性）建筑物的总面积（m²）。
			1008		是否含净化车间	具备空气过滤、分配、优化、构造材料和装置的房间，其中特定的规则的操作程序以控制空气悬浮微粒浓度，从而达到适当的微粒洁净度级别。

表（续）

项目编码					项目名称	说明
物资专用信息标识代码	模块代码	表代码	字段代码	字段值代码		
			1009		净化车间总面积	净化车间的总面积（m²）。
			1010		净化车间洁净度	净化车间内空气环境中空气所含尘埃量多少的程度，在一般的情况下，是指单位体积的空气中所含大于等于某一粒径粒子的数量。含尘量高则洁净度低，含尘量低则洁净度高。
			1011		净化车间平均温度	净化车间的平均温度（℃）。
			1012		净化车间平均相对湿度	净化车间中水在空气中的蒸汽压与同温度同压强下水的饱和蒸汽压的比值。
			1013		净化车间洁净度检测报告扫描件	用扫描仪将净化车间洁净度检测报告扫描得到的电子文件。
			1014		生产车间总面积	生产车间的面积（m²）。
			1015		土地使用年限	住宅为 70 年，自取得该地的土地使用权之时算起。
			1016		产权证取得时间	房屋所有权证和土地使用权证取得的时间。
		02			**主要生产设备**	反映企业拥有的关键生产设备的统称。
			1001		生产设备	在生产过程中为生产工人操纵的，直接改变原材料属性、性能、形态或增强外观价值所必需的劳动资料或器物。
			1002		设备类别	将设备按照不同种类进行区别归类。
			1003		设备名称	生产设备的专用称呼。
				001	线路板功能测试设备	能够满足系统数据采集需求的设备。
				002	误差调校装置	能够根据测量的 RTC 模块的晶体温度获取时钟校准所需的补偿参数；根据所述补偿参数和 RTC 模块的最小补偿单位计算补偿校准值和补偿余数；根据所述补偿校准值和所述补偿余数对 RTC 模块的时钟频率进行校准的装置。

表（续）

项目编码					项目名称	说明
物资专用信息标识代码	模块代码	表代码	字段代码	字段值代码		
				003	老化室	用于产品老化测试的场所。
				004	耐压试验装置	对各种电器产品、电气元件、绝缘材料等进行规定电压下的绝缘强度试验，以考核产品的绝缘水平，发现被试品的绝缘缺陷，衡量过电压的能力的装置。
				005	带电老化设备/走字试验装置	对电能表做高温走字老化测试的设备，产品通过设定一定的温度环境，加载一定的电流、电压、运行一定的时间。
				006	插件流水线	采用链条拖动工装小车，成水平环运行，进行工件装配的一种工艺。
				007	总装流水线	适用于产品的总成装配的一种工艺。
				008	包装流水线	在一定的线路上连续输送物料的一种工艺。
				009	贴片设备	贴片头安装在 Y 轴头部，X、Y、e 定位可以靠人手的移动和旋转来校正位置的设备。
				010	回流焊设备	对各类表面组装元器件进行焊接的设备。
				011	波峰焊设备	将熔化的软钎焊料（铅锡合金），经电动泵或电磁泵喷流成设计要求的焊料波峰的设备，根据机器所使用不同几何形状的波峰，波峰焊系统可分许多种。
				012	超声波清洗设备	采用超声波清洗的原理，可以达到物件全面洁净的清洗效果的设备。
			1004		设备型号	便于使用、制造、设计等部门进行业务联系和简化技术文件中产品名称、规格、型式等叙述而引用的一种代号。
			1005		生产设备单价	生产单台生产设备的价格。
			1006		数量	生产设备的数量。

表（续）

项目编码					项目名称	说明
物资专用信息标识代码	模块代码	表代码	字段代码	字段值代码		
			1007		主要技术参数项	对生产设备的主要技术性能指标项目进行描述。
				001	校验台表位数	每个表位上的误差显示器在检定过程中，显示的各个被检表的误差值。
				002	校验台标准表精确度等级	最大引用误差去掉正、负号及百分号。
				003	每室容纳单相带电老化车数量	每个老化室房间所容纳的单相带电老化车的设备的数量。
				004	每室容纳三相带电老化车数量	每个老化室房间所容纳的三相带电老化车的设备的数量。
				005	每条流水线工位数	每个流水线上所容纳工位的总数量，是生产过程最基本的生产单元。
				006	每台贴片机标称的最高贴片速度	贴片机在额定功率下运行的最高贴片速度。
			1008		购置日期	取得固定资产所有权的日期，采用 YYYYMMDD 的日期形式。
			1009		产权类型（自有）	财产所有权的类型。
				001	是	是自有产权。
				002	否	不是自有产权。
					设备制造商	生产设备的具体厂商，不是代理商或贸易商。
	03				**生产工艺控制**	为实现最终产品进行在过程控制的操作。
			1001		主要工序名称	某种或是某道重要的加工或生产工序所对应的名称。
				001	程序烧录工艺（含参数设置）	规范模块烧录操作程序，使烧录过程标准化的一种工艺。
				002	线路板功能测试工艺	能够满足系统数据采集需求的一种工艺。
				003	装配/总装工艺	需要根据产品定位、质量要求、工艺条件等，确定适合汽车生产的并且绩效高的装配总装工艺。

表（续）

项目编码					项目名称	说明
物资专用信息标识代码	模块代码	表代码	字段代码	字段值代码		
				004	整机高温老化工艺	针对高性能电子产品仿真出一种高温、恶劣环境测试的一种老化工艺。
				005	调校工艺	以流水线设备的生产、装配工艺公差、各项实验数据等为基础，通过改写程序的方法，将设备技术性能等的曲线在原厂数据基础上进行更加精细调整的一种工艺。
				006	出厂检验工艺	对出厂生产的设备，进行一系列检测和试验而形成的一种工艺。
				007	包装工艺	在一定的线路上连续输送物料的物料搬运机械而形成的一种工艺。
			1002		工艺文件名称	主要描述如何通过在过程控制，实现成最终的产品的操作文件。
			1003		是否具有相应记录	是否将一套工艺的整个流程用一定的方式记录下来。
				001	是	具有相应记录。
				002	否	不具有相应记录。
			1004		工艺文件整体执行情况	按照工艺文件要求，在范围、成本、检测、质量等方面的实施情况。
				001	符合	符合工艺文件要求。
				002	不符合	不符合工艺文件要求。
			1005		工艺流程图扫描件	用扫描仪将工艺流程图扫描得到的电子文件。
			1006		工艺文件扫描件	用扫描仪将工艺文件扫描得到的电子文件

附 录 D
（规范性附录）
试 验 检 测

项目编码					项目名称	说明
物资专用信息标识代码	模块代码	表代码	字段代码	字段值代码		
略	F				**试验检测**	用规范的方法检验测试某种物体指定的技术性能指标。
		01			**试验检测设备一览表**	反映试验检测设备属性情况的列表。
			1001		试验检测设备	一种产品或材料在投入使用前，对其质量或性能按设计要求进行验证的仪器。
			1002		设备类别	将设备按照不同种类进行区别归类。
			1003		主要技术参数项	对生产设备的主要技术性能指标项目进行描述。
				001	校验台表位数	每个表位上的误差显示器在检定过程中，显示的各个被检表的误差值。
				002	校验台标准表精确度等级	最大引用误差去掉正、负号及百分号。
				003	最大输出电流	电源的额定输出电流表示最大输出电流。
				004	最大输出电压	电源的额定输出电压表示最大输出电压。
			1004		设备名称	试验设备的专用称呼。
				001	单相电能表校验台	可校验三块相同或不同常数的单相电能表。
				002	三相电能表校验台	具有测试电度表校核常数作用，数秒钟内可通过微机显示出被测电度表的电能表常数。
				003	时钟测试仪	时钟测试仪可用于现场测试，可存储测试数据，对满负荷测试，能将数据保存在 U 盘里，对数据进行定期保存。
				004	静电放电设备	能让被试物体带上静电后再将所带电荷放出的一种放电设备。

表（续）

项目编码					项目名称	说明
物资专用信息标识代码	模块代码	表代码	字段代码	字段值代码		
				005	快速瞬变脉冲群设备	能产生数量有限且清晰可辨的脉冲序列或持续时间有限的振荡，能施加脉冲群中的单个脉冲有特定的重复周期、电压幅值，上升时间，脉宽的一种设备。
				006	浪涌设备	用于检测产品浪涌的设备。浪涌是发生在仅仅几百万分之一秒时间内的一种剧烈脉冲。
				007	射频传导设备	以电能表作为受试设备，利用场强仪和频谱分析仪对电磁脉冲辐射场进行了试验研究的一种设备。
				008	衰减震荡波设备	在运行条件下对抗出现在高压和中压变电站电力电缆、控制和信号电缆上重复性衰减振荡波的测试设备。
				009	电压跌落设备	一种实现供电电压方均根值快速降低至 0.1p.u.～0.9p.u.，持续时间为 10ms～1min 的设备。
				010	高低温试验箱	能够精准模拟一定范围内的高温、低温环境，用来测试、验证航天航空、电子电工、仪器仪表、汽车等相关产品、零部件及相关材料的适应性和可靠性的一种温度试验设备。
				011	直流和偶次试验设备	实现电能表基本误差测试以及直流和偶次谐波测试的自动转换接线，能够有效地提高试验的自动化程度的设备。
				012	恒定磁场试验装置	能在一定环境下，施以恒定的磁场的设备。
				013	外磁场试验装置	对外磁场影响进行试验的装置。
				014	功率消耗测试装置	测量有功和无功功率的一种测试仪器。
				015	冲击电流试验装置	用于检验避雷器残压和冲击电流耐受能力或检验其他电气设备、器件和材料在冲击电流作用下电气性能，测定冲击接地电阻等目的的装置。

表（续）

项目编码					项目名称	说明
物资专用信息标识代码	模块代码	表代码	字段代码	字段值代码		
				016	交流耐压试验装置	对各种电器产品、电气元件、绝缘材料等进行规定电压下绝缘强度试验的装置，以考核产品的绝缘水平，发现被试品的绝缘缺陷，衡量过电压的能力。
				017	继电器测试设备	根据某种输入信号来接通或断开小电流控制电路，实现远距离控和保护的自动控制电器。
				018	冲击试验装置	用来检验各种高压电气设备在雷电过电压、操作过电压等冲击电压作用下的绝缘性能和保护性能的装置。
				019	振动试验装置	振动试验装置是评定元器件、零部件及整机在预期的运输及使用环境中的抵抗能力。
				020	交变湿热箱	用来模拟航空、汽车、家电、科研高低温的湿热装置仪器。
				021	阳光辐射试验装置	用于评价阳光辐射对产品所产生的热效应或光化学效应的试验。
				022	灼热丝试验装置	用于检验电工电子设备及其元件、部件的装置，也适用于固体电气绝缘物料或其他固体可燃材料。
				023	防尘试验装置	考核电工产品，外壳和密封件在大灰尘环境下能否保证设备和元件良好性能的试验，能够逼真的模拟灰尘较多的各种环境的一种设备。
				024	防水试验装置	通过空气加压原理模拟测试水深环境的设备，其目的是减少到实际环境测试的成本和风险。
				025	脉冲电压试验装置	产生类似方波波形的试验仪器。
				026	点温度计	随温度变化引起某一导体（如水银）位移，并由接点输出通断信号的温度计。
				027	频谱分析仪	研究电信号频谱结构的仪器，用于信号失真度、调制度、谱纯度、频率稳定度和交调失真等信号参数的测量，可用以测量放大器和滤波器等电路系统的某些参数，是一种多用途的电子测量仪器。

表（续）

项目编码					项目名称	说明
物资专用信息标识代码	模块代码	表代码	字段代码	字段值代码		
			1005		设备型号	便于使用、制造、设计等部门进行业务联系和简化技术文件中产品名称、规格、型式等叙述而引用的一种代号。
			1006		试验设备单价	购置单台生产设备的完税后价格。
			1007		数量	试验设备的数量。
			1008		购置日期	取得固定资产所有权的日期，采用YYYYMMDD 的日期形式。
			1009		产权类型（自有）	财产所有权的类型。
			1010		试验设备制造商	生产试验设备的生产厂商，不是代理商或贸易商。
			1011		是否在质检有效期内	依据检测报告颁发的产品认证证书是否在有效期内。
			1012		合同、发票、照片扫描件	用扫描仪将合同、发票、照片原件扫描得到的电子文件。
		02			**试验检测人员一览表**	反映试验检测人员情况的列表。
			1001		姓名	在公安户籍管理部门登记注册、人事档案中记载的、正在使用的称呼。
			1002		资质证书名称	表明劳动者具有从事某一职业所必备的学识和技能的证书的名称，通常包括行业类别、专业、等级等信息。
			1003		资质证书编号	资质证书的编号或号码。
			1004		资质证书出具机构	资质评定机关的中文全称。
			1005		资质证书出具时间	资质评定机关核发资质证书的年月日，采用 YYYYMMDD 的日期形式。
			1006		有效期至	资质证书的有效期限，采用YYYYMMDD 的日期形式。
			1007		资质证书扫描件	用扫描仪将资质证书正本扫描得到的电子文件。
		03			**现场抽样检测记录表**	反映现场抽样检测记录情况的列表。
			1001		现场抽样检测时间	现场随机抽取产品进行试验检测的具体日期，采用 YYYYMMDD 的日期形式。

表（续）

项目编码					项目名称	说明
物资专用信息标识代码	模块代码	表代码	字段代码	字段值代码		
			1002		样品型号规格	反映商品性质、性能、品质等一系列的指标，一般由一组字母和数字以一定的规律编号组成。如品牌、等级、成分、含量、纯度、大小（尺寸、重量）等。
			1003		现场抽样结果	现场抽样得出的结论/结果。
				001	合格	现场抽样合格。
				002	不合格	现场抽样不合格。
			1004		检测报告扫描件	用扫描仪将检测报告原件扫描得到的电子文件

用电信息采集设备供应商专用信息

目　次

用电信息采集设备供应商专用信息

1 范围

本部分规定了用电信息采集设备物资供应商的报告证书、生产制造、试验检测和产品产能等专用信息数据规范。

本部分适用于国家电网有限公司供应商资质能力信息核实工作，以及涉及供应商数据的相关应用。

本部分适用的用电信息采集设备类物料及其物料组编码见附录 A。

2 规范性引用文件

下列文件对于本文件的应用是必不可少的。凡是注日期的引用文件，仅注日期的版本适用于本文件。凡是不注日期的引用文件，其最新版本（包括所有的修改单）适用于本文件。

GB 4208—2008　外壳防护等级（IP 代码）

GB/T 2423.2—2008　电工电子产品基本试验规程　试验 B：高温试验方法

GB/T 2423.102—2008　电工电子产品环境试验　第 2 部分：试验方法　试验：温度（低温、高温）/低气压/振动（正弦）综合

GB/T 2424.1—2005　电工电子产品基本环境试验规程　高温低温试验导则

GB/T 4831—2016　旋转电机产品型号编制方法

GB/T 4857.10—2005　包装　运输包装件基本试验　第 10 部分：正弦变频振动试验方法

GB/T 4857.23—2003　包装　运输包装件　随机振动试验方法

GB/T 4937—1995　半导体器件机械和气候试验方法

GB/T 10485—2007　道路车辆外部照明和光信号装置环境耐久性

GB/T 10592—2008　高低温试验箱技术条件

GB/T 11158—2008　高温试验箱技术条件

GB/T 15416—2014　科技报告编号规则

GB/T 17626.5—2008　电磁兼容　试验和测量技术　浪涌（冲击）抗扰度试验

GB/T 36104—2018　法人和其他组织统一社会信用代码数据元

DL/T 634.5104—2009　配电自动化系统应用实施细则

DL/T 848.2—2004　高压试验装置通用技术条件　第 2 部分：工频高压试验装置

JB/T 7488—1994　波峰焊工艺规范

国务院国资委令 2012 年第 29 号　　国家出资企业产权登记管理暂行办法

国务院令 1990 年第 55 号　　中华人民共和国城镇国有土地使用权出让和转让暂行条例

3　术语和定义

下列术语和定义适用于本文件。

3.1

报告证书　report certificate

具有相应资质、权力的机构或机关等颁发的证明资格或权力的文件。

3.2

生产制造　production-manufacturing

生产企业整合相关的生产资源，按预定目标进行系统性的从前端概念设计到产品实现的物化过程。

3.3

试验检测　test verification

用规范的方法检验测试某种物体指定的技术性能指标。

3.4

产品产能　product capacity

在计划期内，企业参与生产的全部固定资产，在既定的组织技术条件下，所能生产的产品数量。

4　符号和缩略语

下列符号和缩略语适用于本文件。

4.1　符号

m^2：平方米，面积单位。

4.2　缩略语

AOI：自动光学检测（Automated Optical Inspection）。

5　报告证书

报告证书包括全性能试验报告一览表，报告证书见附录 B。

5.1　全性能试验报告一览表

全性能试验报告一览表包括产品类别、报告编号、产品型号、报告出具机构、检测报告有效期至和报告扫描件。

6　生产制造

生产制造主要包括生产厂房、主要生产设备、生产工艺控制，生产制造信息见附录 C。

6.1　生产厂房

生产厂房包括生产厂房所在地、厂房权属情况、租赁起始日期、租赁截止日期、厂区总面积、生产车间总面积、土地使用年限、产权证取得时间。

6.2 主要生产设备

主要生产设备信息包括设备类别、设备名称、设备型号、生产设备单价、数量、主要技术参数项、购置日期、产权类型（自有）、设备制造商。

6.3 生产工艺控制

生产工艺控制包括主要工序名称、工艺文件名称、是否具有相应记录、工艺文件整体执行情况、工艺流程图扫描件、工艺文件扫描件。

7 试验检测

试验检测包括现场抽样检测记录表、试验检测设备一览表、试验检测人员一览表，试验检测信息见附录 D。

7.1 现场抽样检测记录表

现场抽样检测记录表包括现场抽样检测时间、样品型号规格、抽样检测结果、检测报告扫描件。

7.2 试验检测设备一览表

试验检测设备一览表包括试验检测设备、设备类别、设备名称、主要技术参数项、设备型号、试验设备单价及数量、购置日期、产权类型（自有）、设备制造商、是否在质检有效期内、合同、发票、照片扫描件。

7.3 试验检测人员一览表

试验检测人员一览表包括姓名、资质证书名称、资质证书编号、资质证书出具机构、资质证书出具时间、有效期、资质证书扫描件。

8 产品产能

产品产能包括生产能力表，产品产能信息见附录 E。

8.1 生产能力表

生产能力表包括产品类型、年生产能力、产能计算报告。

附 录 A
（规范性附录）
适用的物资及物资专用信息标识代码

物资类别	物料所属大类	物资所属中类	物资所属小类	物资名称	物资专用信息标识代码
用电信息采集设备	二次设备	用电信息采集	集中器、采集器、专变采集终端	采集器	G1108010
用电信息采集设备	二次设备	用电信息采集	集中器、采集器、专变采集终端	集中器	G1108011
用电信息采集设备	二次设备	用电信息采集	集中器、采集器、专变采集终端	专变采集终端	G1108012

附 录 B
（规范性附录）
报 告 证 书

项目编码					项目名称	说明
物资专用信息标识代码	模块代码	表代码	字段代码	字段值代码		
略	C				**报告证书**	具有相应资质、权力的机构或机关等颁发的证明资格或权力的文件。
		01			**全性能试验报告一览表**	反映全性能试验报告数据内容的列表。
			1001		产品类别	将产品按照一定规则归类后,该类产品对应的适用的产品类别名称。
			1002		报告编号	采用字母、数字混合字符组成的用以标识检测报告的完整的、格式化的一组代码,是检测报告上标注的报告唯一性标识。
			1003		产品型号	便于使用、制造、设计等部门进行业务联系和简化技术文件中产品名称、规格、型式等叙述而引用的一种代号,应以简明、不重复为基本原则,反映商品性质、性能、品质等一系列的指标。
			1004		报告出具机构	应申请检验人的要求,对产品进行检验后所出具书面证明的检验机构。
			1005		检测报告有效期至	认证证书有效期的截止年月日,采用 YYYYMMDD 的日期形式。
			1006		报告扫描件	用扫描仪将检测报告正本扫描得到的电子文件

附 录 C

（规范性附录）

生 产 制 造

项目编码					项目名称	说明
物资专用信息标识代码	模块代码	表代码	字段代码	字段值代码		
略	E				**生产制造**	生产企业整合相关的生产资源，按预定目标进行系统性的从前端概念设计到产品实现的物化过程。
		01			**生产厂房**	反映企业生产厂房属性的统称。
			1001		生产厂房所在地	生产厂房的地址，包括所属行政区划名称，乡（镇）、村、街名称和门牌号。
			1002		厂房权属情况	指厂房产权在主体上的归属状态。
				001	自有	指产权归属自己。
				002	租赁	按照达成的契约协定，出租人把拥有的特定财产（包括动产和不动产）在特定时期内的使用权转让给承租人，承租人按照协定支付租金的交易行为。
				003	部分自有	指部分产权归属自己。
			1003		租赁起始日期	租赁的起始年月日，采用YYYYMMDD的日期形式。
			1004		租赁截止日期	租赁的截止年月日，采用YYYYMMDD的日期形式。
			1005		厂房总面积	厂房的总面积（m²）。
			1006		生产车间总面积	生产车间的面积（m²）。
			1007		土地使用年限	住宅为70年，自取得该地的土地使用权之时算起.
			1008		产权证取得时间	房屋所有权证和土地使用权证取得的时间。
		02			**主要生产设备**	反映企业拥有的关键生产设备的统称。
			1001		生产设备	在生产过程中为生产工人操纵的，直接改变原材料属性、性能、形态或增强外观价值所必需的劳动资料或器物。

表（续）

项目编码					项目名称	说明
物资专用信息标识代码	模块代码	表代码	字段代码	字段值代码		
			1002		设备类别	将设备按照不同种类进行区别归类。
			1003		设备名称	一种设备的专用称呼。
				001	线路板功能测试设备	能够满足系统数据采集需求的设备。
				002	误差调校装置	能够根据测量的 RTC 模块的晶体温度获取时钟校准所需的补偿参数；根据所述补偿参数和 RTC 模块的最小补偿单位计算补偿校准值和补偿余数；根据所述补偿校准值和所述补偿余数对 RTC 模块的时钟频率进行校准的装置。
				003	老化室	用于产品老化测试的场所。
				004	带电老化设备/走字试验装置	对电能表做高温走字老化测试的设备，产品通过设定一定的温度环境、加载一定的电流、电压、运行一定的时间。
				005	总装流水线	适用于产品总成装配的一种工艺。
				006	包装流水线	在一定的线路上连续输送物料的一种工艺。
				007	耐压试验装置	对各种电器产品、电气元件、绝缘材料等进行规定电压下绝缘强度试验的装置，其目的是考核产品的绝缘水平，发现被试品的绝缘缺陷，衡量过电压的能力。
				008	采集终端检验装置	对采集终端的遥测遥控遥信性能测试、评估的一种测试设备。
			1004		设备型号	便于使用、制造、设计等部门进行业务联系和简化技术文件中产品名称、规格、型式等叙述而引用的一种代号。
			1005		生产设备单价	生产单台生产设备的价格。
			1006		数量	生产设备的数量。
			1007		主要技术参数项	对生产设备的主要技术性能指标项目进行描述。

表（续）

项目编码					项目名称	说明
物资专用信息标识代码	模块代码	表代码	字段代码	字段值代码		
				001	校验台表位数	每个表位上的误差显示器在检定过程中，显示的各个被检表的误差值。
				002	校验台标准表精确度等级	最大引用误差去掉正、负号及百分号。
				003	每室容纳单相带电老化车数量	每个老化室房间所容纳的单相带电老化车的设备数量。
				004	每室容纳三相带电老化车数量	每个老化室房间所容纳的三相带电老化车的设备数量。
				005	每条流水线工位数	每个流水线上所容纳工位的总数量，是生产过程最基本的生产单元。
			1008		购置日期	取得固定资产所有权的日期，采用 YYYYMMDD 的日期形式。
			1009		产权类型（自有）	财产所有权的类型。
				001	是	是自有产权。
				002	否	不是自有产权。
			1010		设备制造商	制造设备的生产厂商，不是代理商或贸易商。
	03				**生产工艺控制**	为实现最终产品进行在过程控制的操作。
			1001		主要工序名称	某种或是某道重要的加工或生产工序所对应的名称。
				001	程序烧录工艺（含参数设置）	规范模块烧录操作程序，使烧录过程标准化的一种工艺。
				002	线路板功能测试工艺	能够满足系统数据采集需求的一种工艺。
				003	装配/总装工艺	需要根据产品定位、质量要求、工艺条件等，确定适合汽车生产的并且绩效高的装配总装工艺。
				004	整机高温老化工艺	针对高性能电子产品仿真出一种高温、恶劣环境测试的一种老化工艺。
				005	调校工艺	以流水线设备的生产、装配工艺公差、各项实验数据等为基础，通过改写程序的方法，将设备技术性能等的曲线在原厂数据基础上进行更加精细调整的一种工艺。

表（续）

项目编码					项目名称	说明
物资专用信息标识代码	模块代码	表代码	字段代码	字段值代码		
				006	出厂检验工艺	对出厂生产的设备，进行一系列检测和试验而形成的一种工艺。
				007	包装工艺	在一定的线路上连续输送物料的物料搬运机械而形成的一种工艺。
				008	贴片工艺	将贴片头安装在 Y 轴头部，X、Y、e 定位可以靠人手的移动和旋转来校正位置的一种工艺。
				009	回流焊工艺	应用于各类表面组装元器件焊接的一种工艺。
				010	贴片质量检查工艺（如AOI）	对贴片质量进行检查的工艺。
				011	插件及波峰焊工艺	焊接插件器件的一种工艺，根据机器所使用不同几何形状的波峰，波峰焊系统可分许多种。
				012	手焊工艺	规范在制品加工中手工插件、手工贴片、手工焊、浸焊的一种工艺。
				013	清洗工艺	去除衬底材料表面的有机物、金属玷污以及非金属玷污的一种工艺。
				014	"三防"（防尘、防潮、防腐）工艺	在生产检测完毕后使用专用电子"三防"漆处理，并涂抹阻燃性材料，使其具有防尘、防潮、防腐蚀、阻燃性能的一种工艺。
			1002		工艺文件名称	主要描述如何通过在过程控制，实现成最终的产品的操作文件。
			1003		是否具有相应记录	是否将一套工艺的整个流程用一定的方式记录下来。
				001	是	具有相应记录。
				002	否	不具有相应记录。
			1004		工艺文件整体执行情况	按照工艺文件要求，在范围、成本、检测、质量等方面的实施情况。
				001	符合	符合工艺文件要求。
				002	不符合	不符合工艺文件要求。
			1005		工艺流程图扫描件	用扫描仪将工艺流程图扫描得到的电子文件。
			1006		工艺文件扫描件	用扫描仪将工艺文件扫描得到的电子文件

附 录 D
（规范性附录）
试 验 检 测

项目编码					项目名称	说明
物资专用 信息标识 代码	模块 代码	表 代码	字段 代码	字段值 代码		
略	F				**试验检测**	用规范的方法检验测试某种物体指定的技术性能指标。
		01			**试验检测设备一览表**	反映试验检测设备属性情况的列表。
			1001		试验检测设备	一种产品或材料在投入使用前，对其质量或性能按设计要求进行验证的仪器。
			1002		设备类别	将设备按照不同种类进行区别归类。
			1003		设备名称	试验设备的专用称呼。
				001	采集终端检验装置	对采集终端的遥测遥控遥信性能测试、评估的一种测试设备。
				002	通信测试系统	用于测试产品通信性能的系统。
				003	时钟测试仪	可用于现场测试，可存储测试数据，对满负荷测试，能将数据保存在U盘里，对数据进行定期保存的一种仪器。
				004	静电放电设备	能让被试物体带上静电后再将所带电荷放出的一种放电设备。
				005	快速瞬变脉冲群设备	能产生数量有限且清晰可辨的脉冲序列或持续时间有限的振荡，能施加脉冲群中的单个脉冲有特定的重复周期、电压幅值、上升时间、脉宽的一种设备。
				006	浪涌设备	用于检测产品浪涌的设备。浪涌是发生在仅仅几百万分之一秒时间内的一种剧烈脉冲。
				007	射频传导设备	以电能表作为受试设备，利用场强仪和频谱分析仪对电磁脉冲辐射场进行试验研究的一种设备。
				008	衰减震荡波设备	在运行条件下对抗出现在高压和中压变电站电力电缆、控制和信号电缆上重复性衰减振荡波的测试设备。

表（续）

项目编码					项目名称	说明
物资专用信息标识代码	模块代码	表代码	字段代码	字段值代码		
				009	电压跌落设备	一种实现供电电压方均根值快速降低至 0.1p.u.～0.9p.u.，持续时间为 10ms～1min 的设备。
				010	高低温试验箱	能够精准模拟一定范围内的高温、低温环境,用来测试、验证航天航空、电子电工、仪器仪表、汽车等相关产品、零部件及相关材料的适应性和可靠性的一种温度试验设备。
				011	功率消耗测试装置	测量有功和无功功率的一种测试仪器。
				012	交流耐压试验装置	对各种电器产品、电气元件、绝缘材料等进行规定电压下的绝缘强度试验的设备,其目的是考核产品的绝缘水平,发现被试品的绝缘缺陷,衡量过电压的能力。
				013	振动试验装置	评定元器件、零部件及整机在预期的运输及使用环境中的抵抗能力的一种设备。
				014	交变湿热箱	用来模拟航空、汽车、家电、科研高低温的湿热装置仪器。
				015	防尘试验装置	考核电工产品,外壳和密封件在大灰尘环境下能否保证设备和元件良好性能的试验,能够逼真的模拟灰尘较多的各种环境的一种设备。
				016	防水试验装置	通过空气加压原理模拟测试水深环境的设备,其目的是减少到实际环境测试的成本和风险。
				017	脉冲电压试验装置	产生类似方波波形的试验仪器。
				018	频谱分析仪	研究电信号频谱结构的仪器,用于信号失真度、调制度、谱纯度、频率稳定度和交调失真等信号参数的测量,可用以测量放大器和滤波器等电路系统的某些参数,是一种多用途的电子测量仪器。
			1004		主要技术参数项	对生产设备的主要技术性能指标项目进行描述。
				001	测试台表位数	每个测试台上的误差显示器在检定过程中,显示的各个被检电能表的误差值。

152

表（续）

项目编码					项目名称	说明
物资专用信息标识代码	模块代码	表代码	字段代码	字段值代码		
				002	最大输出电压	指电源的额定输出电压。
			1005		设备型号	便于使用、制造、设计等部门进行业务联系和简化技术文件中产品名称、规格、型式等叙述而引用的一种代号。
			1006		试验设备单价	购置单台生产设备的完税后价格。
			1007		数量	试验检测设备的数量。
			1008		购置日期	取得固定资产所有权的日期,采用YYYYMMDD的日期形式。
			1009		产权类型（自有）	财产所有权的类型。
				001	是	是自有产权。
				002	否	不是自有产权。
			1010		设备制造商	生产试验设备的生产厂商,不是代理商或贸易商。
			1011		是否在质检有效期内	依据检测报告颁发的产品认证证书是否在有效期内。
				001	是	在质检有效期内。
				002	否	不在质检有效期内。
			1012		合同、发票、照片扫描件	用扫描仪将合同、发票、照片原件扫描得到的电子文件。
		02			**试验检测人员一览表**	反映试验检测人员情况的列表。
			1001		姓名	在公安户籍管理部门登记注册、人事档案中记载的、正在使用的称呼。
			1002		资质证书名称	表明劳动者具有从事某一职业所必备的学识和技能的证书的名称,通常包括行业类别、专业、等级等信息。
			1003		资质证书编号	资质证书的编号或号码。
			1004		资质证书出具机构	资质评定机关的中文全称。
			1005		资质证书出具时间	资质评定机关核发资质证书的年月日,采用 YYYYMMDD 的日期形式。
			1006		有效期至	资质证书的有效期限,采用YYYYMMDD的日期形式。

表（续）

项目编码					项目名称	说明
物资专用信息标识代码	模块代码	表代码	字段代码	字段值代码		
			1007		资质证书扫描件	用扫描仪将资质证书正本扫描得到的电子文件。
		03			**现场抽样检测记录表**	反映现场抽样检测记录情况的列表。
			1001		现场抽样检测时间	现场随机抽取产品进行试验检测的具体日期，采用 YYYYMMDD 的日期形式。
			1002		样品型号规格	反映商品性质、性能、品质等一系列的指标，一般由一组字母和数字以一定的规律编号组成。如品牌、等级、成分、含量、纯度、大小（尺寸、重量）等。
			1003		抽样检测结果	对抽取样品检测项目的结论/结果。
				001	合格	抽样测试结果合格。
				002	不合格	抽样测试结果不合格。
			1004		检测报告扫描件	用扫描仪将检测报告原件扫描得到的电子文件

附　录　E
（规范性附录）
产　品　产　能

项目编码					项目名称	说明
物资专用信息标识代码	模块代码	表代码	字段代码	字段值代码		
略	I				**产品产能**	在计划期内，企业参与生产的全部固定资产，在既定的组织技术条件下，所能生产的产品数量，或者能够处理的原材料数量。
		01			**生产能力表**	反映企业生产能力情况的列表。
			1001		产品类型	将产品按照一定规则归类后，该类产品对应的类别。
				001	集中器	聚合一定数量的输入线和一定数量的输出线，或者为许多设备提供一条中心通信链路的设备。集中器设备有多种类型，大部分用于大型计算机世界。
				002	采集器	将条码扫描装置、RFID 技术与数据终端一体化，带有电池可离线操作的终端智能设备。具备实时采集、自动存储、即时显示、即时反馈、自动处理、自动传输功能。为现场数据的真实性、有效性、实时性、可用性提供了保证。
				003	专变采集终端	对专变用户用电信息进行采集的设备，可以实现电能表数据的采集、电能计量设备工况和供电电能质量监测，以及客户用电负荷和电能量的监控，并对采集数据进行管理和双向传输。
			1002		年生产能力	企业生产某种产品的全部设备（包括主要设备、辅助设备、运输设备、动力设备等）在原材料、材料动力充分、劳动力配备合理以及设备正常运转条件下，可能达到的年产量。
			1003		产能计算报告	用于分析一个公司或者集团一年或者一个月总生产能力的计算报告，是评估该企业产值的一个标准，即分析制作流程、装备负荷能力、人才负荷、场地负荷等进行分析归纳

营销服务移动作业终端供应商专用信息

目　次

营销服务移动作业终端供应商专用信息

1 范围

本部分规定了营销服务移动作业终端类物资供应商的报告证书等专用信息数据规范。

本部分适用于国家电网有限公司供应商资质能力信息核实工作，以及涉及供应商数据的相关应用。

本部分适用的营销服务移动作业终端类物料及其物料组编码见附录 A。

2 规范性引用文件

下列文件对于本文件的应用是必不可少的。凡是注日期的引用文件，仅注日期的版本适用于本文件。凡是不注日期的引用文件，其最新版本（包括所有的修改单）适用于本文件。

GB 11714—1997 全国组织机构代码编制规则

GB/T 15416—2014 科技报告编号规则

国务院令第 666 号 中华人民共和国认证认可条例 2016 年 2 月 6 日第一次修正

3 术语和定义

下列术语和定义适用于本文件。

3.1

报告证书 report certificate

具有相应资质、权力的机构或机关等颁发的证明资格或权力的文件。

4 缩略语

下列缩略语适用于本文件。

3C 认证：中国强制性产品认证。

5 报告证书

报告证书包括 3C 认证证书（仅对生产商）表、计量现场作业终端检测报告，报告证书见附录 B。

5.1 3C 认证证书（仅对生产商）

报告证书中检测报告证书统计表包括产品类别、证书编号、委托人名称、产品制造单位、生产企业名称、产品名称、产品系列、规格、型号、有效期至、认证机构、证书扫描件。

5.2 计量现场作业终端检测报告

报告证书中专业检测数据表包括产品名称、报告编号、有效期至、报告出具单位、证书扫描件。

附　录　A
（规范性附录）
适用的物资及物资专用信息标识代码

物资类别	物料所属大类	物资所属中类	物资所属小类	物资名称	物资专用信息标识代码
营销服务移动作业终端	二次设备	用电信息采集	营销服务移动作业终端	营销服务移动作业终端	G1108014

附　录　B
（规范性附录）
报　告　证　书

项目编码					项目名称	说明
物资专用信息标识代码	模块代码	表代码	字段代码	字段值代码		
略	C				**报告证书**	具有相应资质、权力的机构或机关等颁发的证明资格或权力的文件。
		01			**3C认证证书（仅对生产商）**	生产商拥有的中国强制性产品认证资格证书。
			1001		产品类别	将产品进行归类。
			1002		证书编号	认证证书上标明的编号。
			1003		委托人名称	委托他人处理财物或其他利益的公民、法人或者其他组织的名称。
			1004		产品制造单位	制造设备的生产厂商，不是代理商或贸易商。
			1005		生产企业名称	有生产过程的企业的名称，对所销售的产品进行过加工或者装配，有购进原材料，有使用人工生产装配过程的企业的名称。
			1006		产品名称	即品牌名称，产品名称具备统一的标准字体、标准色、标准大小以区别于同类企业或产品。
			1007		产品系列、规格、型号	便于使用、制造、设计等部门进行业务联系和简化技术文件中产品名称、规格、型式等叙述而引用的一种代号，应以简明、不重复为基本原则，反映商品性质、性能、品质等一系列的指标，一般由一组字母和数字以一定的规律编号组成。如品牌、等级、成分、含量、纯度、大小（尺寸、重量）等。
			1008		有效期至	认证证书有效期的截止年月日，采用YYYYMMDD的日期形式。
			1009		认证机构	经国务院认证认可监督管理部门批准，并依法取得法人资格，有某种资质，可从事批准范围内的认证活动的机构。
			1010		证书扫描件	用扫描仪将证书正本进行扫描得到的电子文件。

表（续）

项目编码					项目名称	说明
物资专用信息标识代码	模块代码	表代码	字段代码	字段值代码		
		02			**计量现场作业终端检测报告**	计量现场作业终端检测的报告。
			1001		产品名称	即品牌名称,产品名称具备统一的标准字体、标准色、标准大小以区别于同类企业或产品。
			1002		报告编号	采用字母、数字混合字符组成的用以标识检测报告的完整的、格式化的一组代码,是检测报告上标注的报告唯一性标识。
			1003		有效期至	认证证书有效期的截止年月日,采用YYYYMMDD 的日期形式。
			1004		报告出具单位	应申请检验人的要求,对产品进行检验后所出具书面证明的检验机构。
			1005		证书扫描件	用扫描仪将证书正本扫描保存在电脑里面,以电子文件的形式展现出来的资质证书的表现形式

自助服务设备供应商专用信息

目　次

自助服务设备供应商专用信息

1 范围

本部分规定了自助服务类物资供应商的报告证书、试验检测、原材料/组部件等专用信息数据规范。

本部分适用于国家电网有限公司供应商资质能力信息核实工作，以及涉及供应商数据的相关应用。

本部分适用的自助服务设备类物料及其物料组编码见附录 A。

2 规范性引用文件

下列文件对于本文件的应用是必不可少的。凡是注日期的引用文件，仅注日期的版本适用于本文件。凡是不注日期的引用文件，其最新版本（包括所有的修改单）适用于本文件。

GB 11714　全国组织机构代码编制规则

GB/T 4831—2016　旋转电机产品型号编制方法

GB/T 15416—2014　科技报告编号规则

3 术语和定义

下列术语和定义适用于本文件。

3.1

报告证书　report certificate

具有相应资质、权力的机构或机关等颁发的证明资格或权力的文件。

3.2

试验检测　test verification

用规范的方法检验测试某种物体指定的技术性能指标。

3.3

原材料/组部件　raw material and components

指对于生产某种产品所需的基本原料或组成部件。

4 缩略语

下列缩略语适用于本文件。

POS：销售终端（Point of sale）。

3C：中国强制性产品认证（China Compulsory Certification）。

5 报告证书

报告证书包括 3C 认证证书、安全主控模块信息安全检测报告数据表（仅对电力自助终端供应商）、中国银联销售点终端（POS）应用检测报告（仅对 POS 供应商）、银联销售点终端安全评估报告（仅对 POS 供应商）、电信设备进网许可证（仅对 POS 供应商）、无线电发射设备型号核准证（仅对 POS 供应商），报告证书见附录 B。

5.1 3C 认证证书

报告证书中 3C 认证证书包括产品类别、证书编号、委托人名称、生产者（制造商）名称、生产企业名称、产品名称、产品型号、有效期至、认证机构、证书扫描件。

5.2 安全主控模块信息安全检测报告数据表（仅对电力自助终端供应商）

报告证书中安全主控模块信息安全检测报告数据表（仅对电力自助终端供应商）包括样品名称、样品型号、委托单位、生产单位、有效期至、报告出具单位、证书扫描件。

5.3 中国银联销售点终端（POS）应用检测报告（仅对 POS 供应商）

报告证书中中国银联销售点终端（POS）应用检测报告（仅对 POS 供应商）包括产品名称、报告编号、产品型号、送检单位、项目名称、有效期至、报告出具单位、证书扫描件。

5.4 银联销售点（POS）终端安全评估报告（仅对 POS 供应商）

报告证书中银联销售点终端安全评估报告（仅对 POS 供应商）包括产品名称、报告编号、产品型号、送检单位、项目名称、有效期至、报告出具单位、证书扫描件。

5.5 电信设备进网许可证（仅对 POS 供应商）

报告证书中电信设备进网许可证（仅对 POS 供应商）包括产品名称、证书编号、产品型号、申请单位、生产单位、有效期至、证书扫描件。

5.6 无线电发射设备型号核准证（仅对 POS 供应商）

报告证书中无线电发射设备型号核准证（仅对 POS 供应商）包括产品名称、证书编号、产品型号、核准单位、有效期至。

6 试验检测

试验检测包括试验检测设备一览表，试验检测信息见附录 C。

6.1 试验检测设备一览表

试验检测中试验检测设备一览表包括试验检测设备、设备类别、设备名称、设备型号、设备单价及数量、设备制造商、检测项目、是否在检测有效期内。

7 原材料/组部件

原材料/组部件包括终端元器件、外协件一览表，原材料/组部件信息见附录 D。

7.1 终端元器件、外协件一览表

原材料/组部件中终端元器件、外协件一览表包括产品类别、元器件/外协件名称、产品型号、生产厂家。

附　录　A
（规范性附录）
适用的物资及物资专用信息标识代码

物资类别	物料所属大类	物资所属中类	物资名称	物资专用信息 标识代码
自助服务设备	信息设备	自助服务设备	自助服务终端	G2407001
自助服务设备	信息设备	自助服务设备	电力缴费 POS 终端	G2407004

附 录 B
（规范性附录）
报 告 证 书

项目编码					项目名称	说明
物资专用信息标识代码	模块代码	表代码	字段代码	字段值代码		
略	C				报告证书	具备相应资质、权力的机构或机关等颁发的证明资格或权力的文件。
		01			3C 认证证书	全称为中国强制性产品认证,是国家对强制性产品认证使用的证明文件。
			1001		产品类别	将产品按照一定规则归类后,该类产品对应的类别。
			1002		证书编号	认证证书上标明的编号。
			1003		委托人名称	委托他人处理财物或其他利益的公民、法人或者其他组织的名称。
			1004		生产者（制造商）名称	制造设备的生产厂商,不是代理商或贸易商。
			1005		生产企业名称	有生产过程的企业的名称,对所销售的产品进行过加工或者装配,有购进原材料,有使用人工生产装配的过程的企业的名称。
			1006		产品名称	具备统一的标准字体、标准色、标准大小以区别于同类企业或产品的名称。
			1007		产品型号	便于使用、制造、设计等部门进行业务联系和简化技术文件中产品名称、规格、型式等叙述而引用的一种代号,应以简明、不重复为基本原则,反映商品性质、性能、品质等一系列的指标。
			1008		有效期至	认证证书有效期的截止年月日,采用 YYYYMMDD 的日期形式。
			1009		认证机构	经国务院认证认可监督管理部门批准,并依法取得法人资格,有某种资质,可从事批准范围内的认证活动的机构。
			1010		证书扫描件	用扫描仪将证书正本扫描得到的电子文件。
		02			安全主控模块信息安全检测报告数据表（仅对电力自助终端供应商）	反映安全主控模块信息安全检测报告数据内容情况的列表。

表（续）

项目编码					项目名称	说明
物资专用信息标识代码	模块代码	表代码	字段代码	字段值代码		
			1001		样品名称	能够代表商品品质的少量实物的名称，代表同类商品的普遍品质，包括商品的物理特性、化学组成、机械性能、外观造型、结构特征、色彩、大小、味觉等。
			1002		样品型号	便于使用、制造、设计等部门进行业务联系和简化技术文件中产品名称、规格、型式等叙述而引用的一种代号，应以简明、不重复为基本原则，反映商品性质、性能、品质等一系列的指标，一般由一组字母和数字以一定的规律编号组成。如品牌、等级、成分、含量、纯度、大小（尺寸、重量）等。
			1003		委托单位	委托检测活动的单位。
			1004		生产单位	在中华人民共和国领域内从事生产经营活动的单位。
			1005		有效期至	认证证书有效期的截止年月日，采用YYYYMMDD的日期形式。
			1006		报告出具单位	应申请检验人的要求，对产品进行检验后所出具书面证明的检验机构。
			1007		证书扫描件	用扫描仪将证书正本扫描得到的电子文件。
		03			**中国银联销售点终端（POS）应用检测报告（仅对 POS 供应商）**	反映中国银联销售点终端（POS）应用检测报告内容情况的列表。
			1001		产品名称	具备统一的标准字体、标准色、标准大小以区别于同类企业或产品的名称。
			1002		报告编号	采用字母、数字混合字符组成的用以标识检测报告的完整的、格式化的一组代码，是检测报告上标注的报告唯一性标识。
			1003		产品型号	便于使用、制造、设计等部门进行业务联系和简化技术文件中产品名称、规格、型式等叙述而引用的一种代号，应以简明、不重复为基本原则，反映商品性质、性能、品质等一系列的指标。
			1004		送检单位	将被检测设备送往具有检测资质单位的单位，被检测设备可以是实物、软件、系统等。

表（续）

项目编码					项目名称	说明
物资专用信息标识代码	模块代码	表代码	字段代码	字段值代码		
			1005		项目名称	产品应用的工程项目所规定的正式名称，一般使用整体项目的总称，也可以包括型号以及自定义词汇产品应用的项目名称，对应合同中××项目。
			1006		有效期至	认证证书有效期的截止年月日，采用YYYYMMDD的日期形式。
			1007		报告出具单位	应申请检验人的要求，对产品进行检验后所出具书面证明的检验机构。
			1008		证书扫描件	用扫描仪将证书正本扫描得到的电子文件。
		04			**银联销售点（POS）终端安全评估报告（仅对POS供应商）**	反映银联销售点（POS）终端安全评估报告内容情况的列表。
			1001		产品名称	具备统一的标准字体、标准色、标准大小以区别于同类企业或产品的名称。
			1002		报告编号	采用字母、数字混合字符组成的用以标识检测报告的完整的、格式化的一组代码，是检测报告上标注的报告唯一性标识。
			1003		产品型号	便于使用、制造、设计等部门进行业务联系和简化技术文件中产品名称、规格、型式等叙述而引用的一种代号，应以简明、不重复为基本原则，反映商品性质、性能、品质等一系列的指标。
			1004		送检单位	将被检测设备送往具有检测资质单位的单位，被检测设备可以是实物、软件、系统等。
			1005		项目名称	产品应用的工程项目所规定的正式名称，一般使用整体项目的总称，也可以包括型号以及自定义词汇产品应用的项目名称，对应合同中××项目。
			1006		有效期至	认证证书有效期的截止年月日，采用YYYYMMDD的日期形式。
			1007		报告出具单位	应申请检验人的要求，对产品进行检验后所出具书面证明的检验机构。
			1008		证书扫描件	用扫描仪将证书正本扫描得到的电子文件。

表（续）

项目编码					项目名称	说明
物资专用信息标识代码	模块代码	表代码	字段代码	字段值代码		
		05			**电信设备进网许可证（仅对 POS 供应商）**	反映电信设备进网许可资料内容情况的列表。
			1001		产品名称	产品名称具备统一的标准字体、标准色、标准大小以区别于同类企业或产品。
			1002		证书编号	认证证书上标明的编号。
			1003		产品型号	便于使用、制造、设计等部门进行业务联系和简化技术文件中产品名称、规格、型式等叙述而引用的一种代号，应以简明、不重复为基本原则，反映商品性质、性能、品质等一系列的指标。
			1004		申请单位	申请电信设备进网许可证的单位。
			1005		生产单位	在中华人民共和国领域内从事生产经营活动的单位。
			1006		有效期至	认证证书有效期的截止年月日，采用 YYYYMMDD 的日期形式。
			1007		证书扫描件	用扫描仪将证书正本扫描得到的电子文件。
		06			**无线电发射设备型号核准证（仅对 POS 供应商）**	反映无线电发射设备型号核准证书内容情况的列表。
			1001		产品名称	产品名称具备统一的标准字体、标准色、标准大小以区别于同类企业或产品。
			1002		证书编号	认证证书上标明的编号。
			1003		产品型号	便于使用、制造、设计等部门进行业务联系和简化技术文件中产品名称、规格、型式等叙述而引用的一种代号，应以简明、不重复为基本原则，反映商品性质、性能、品质等一系列的指标。
			1004		核准单位	针对设备型号进行核准的单位。
			1005		有效期至	认证证书有效期的截止年月日，采用 YYYYMMDD 的日期形式

附 录 C
（规范性附录）
试 验 检 测

项目编码					项目名称	说明
物资专用信息标识代码	模块代码	表代码	字段代码	字段值代码		
略	F				**试验检测**	用规范的方法检验测试某种物体指定的技术性能指标。
		01			**试验检测设备一览表**	反映试验检测设备属性情况的列表。
			1001		试验检测设备	一种产品或材料在投入使用前，对其质量或性能按设计要求进行验证的仪器。
			1002		设备类别	将设备按照不同种类进行区别归类。
			1003		设备名称	试验设备的专用称呼。
			1004		设备型号	便于使用、制造、设计等部门进行业务联系和简化技术文件中产品名称、规格、型式等叙述而引用的一种代号。
			1005		设备单价	购置单台生产设备的完税后价格。
			1006		数量	试验设备的数量。
			1007		设备制造商	制造设备的生产厂商，不是代理商或贸易商。
			1008		检测项目	为了察看某事的结果或某物的性能而从事某种活动的名称。
			1009		是否在检测有效期内	表明设备是否在可以使用的有效期内。
				001	是	在检测有效期内。
				002	否	不在检测有效期内

附 录 D
（规范性附录）
原 材 料/组 部 件

项目编码					项目名称	说明
物资专用信息标识代码	模块代码	表代码	字段代码	字段值代码		
略	G				**原材料/组部件**	原材料指生产某种产品的基本原料；组部件是指某种产品的组成部件。
		01			**终端元器件、外协件一览表**	反映终端元器件、外协件属性的列表。
			1001		产品类别	将产品按照一定规则归类后，该类产品对应的类别。
			1002		元器件/外协件名称	元器件/外协件的通用名称。
			1003		产品型号	便于使用、制造、设计等部门进行业务联系和简化技术文件中产品名称、规格、型式等叙述而引用的一种代号。
			1004		生产厂家	在中华人民共和国领域内从事生产经营活动的单位

电能计量箱供应商专用信息

目　　次

电能计量箱供应商专用信息

1 范围

本部分规定了电能计量箱物资供应商的报告证书、生产制造、试验检测、原材料/组部件和产品产能等专用信息数据规范。

本部分适用于国家电网有限公司供应商资质能力信息核实工作，以及涉及供应商数据的相关应用。

本部分适用的电能计量箱类物料及其物料组编码见附录 A。

2 规范性引用文件

下列文件对于本文件的应用是必不可少的。凡是注日期的引用文件，仅注日期的版本适用于本文件。凡是不注日期的引用文件，其最新版本（包括所有的修改单）适用于本文件。

GB 7251.1—2013　低压成套开关设备和控制设备　第 1 部分：总则

GB 7251.12—2013　低压成套开关设备和控制设备　第 2 部分：成套电力开关和控制设备

GB 11643—1999　公民身份号码

GB/T 4208—2017　外壳防护等级（IP 代码）

GB/T 4831—2016　旋转电机产品型号编制方法

GB/T 10233—2016　低压成套开关设备和电控设备基本试验方法

GB/T 15416—2014　科技报告编号规则

GB/T 36104—2018　法人和其他组织统一社会信用代码数据元

Q/GDW 11008—2013　低压计量箱技术规范

国务院令 2016 年（修订）第 666 号　中华人民共和国认证认可条例

3 术语和定义

下列术语和定义适用于本文件。

3.1

报告证书　report certificate

具有相应资质、权力的机构或机关等颁发的证明资格或权力的文件。

3.2

生产制造　production-manufacturing

生产企业整合相关的生产资源，按预定目标进行系统性的从前端概念设计到产品实

现的物化过程。

3.3

试验检测 test verification

用规范的方法检验测试某种物体指定的技术性能指标。

3.4

原材料/组部件 raw material and components

指对于生产某种产品所需的基本原料或组成部件。

3.5

产品产能 product capacity

在计划期内，企业参与生产的全部固定资产，在既定的组织技术条件下，所能生产的产品数量。

4 符号和缩略语

下列符号和缩略语适用于本文件。

4.1 符号

Mpa：兆帕，压强单位。

kJ/m^2：千焦每平方米，冲击强度单位。

K：开尔文，温度单位。

kW：千瓦，功率单位。

kN：千牛，力的单位。

4.2 缩略语

AN：自然空气冷却。

PC：聚碳酸酯。

5 报告证书

报告证书包括金属电能计量箱检验报告数据表、非金属电能计量箱检验报告数据表、CCC认证-电能计量箱，报告证书见附录B。

5.1 金属电能计量箱检验报告数据表

金属电能计量箱检验报告数据表包括物料描述、产品型号、报告编号、试验类型、委托单位、产品制造单位、报告出具机构、报告出具日期、报告扫描件、报告有效期至、一般检查、热稳定性试验、耐热性试验—压痕直径、耐受非正常发热和火焰的试验、耐老化试验—氙灯光照试验、耐老化试验—透光降低率、电气间隙、爬电距离测定、静载能力试验、门锁性能试验及门/门锁/开关操作试验、保护电路有效性验证、动态载荷试验、介电性能试验、计量箱外壳封闭防护等级验证试验、冲击载荷试验、螺纹连接紧固件机械强度试验、计量箱标志试验、计量箱金属材料耐腐蚀试验、计量箱金属涂层附着力试验、绝缘电阻试验、温升极限试验—接插件、温升极限试验—出线断路器、温升极限试验—外壳、电气开关性能检验、过盈配合接插件性能试验—机械振动、过盈配合接插件性能试验—机械冲击、过盈配合接插件性能试验—紧固件强度、过盈配合接插件性能试验—耐腐蚀、过盈配合接插件性能试验—插入力、过盈配合接插件性能试验—拔出力、过盈配合接插件性能试验—插拔寿命。

5.2 非金属电能计量箱检验报告数据表

非金属电能计量箱检验报告数据表包括物料描述、产品型号、报告编号、试验类型、委托单位、产品制造单位、报告出具机构、报告出具日期、报告扫描件、报告有效期至、一般检查、热稳定性试验、耐热性试验—压痕直径、耐受非正常发热和火焰的试验、耐老化试验—氙灯光照试验、耐老化试验—老化后试验冲击性能、耐老化试验—老化后试验弯曲性能、耐老化试验—透光降低率、电气间隙、爬电距离测定、静载能力试验、门锁性能试验及门/门锁/开关操作试验、保护电路有效性验证、动态载荷试验、介电性能试验、计量箱外壳封闭防护等级验证试验、冲击载荷试验、螺纹连接紧固件机械强度试验、计量箱标志试验、计量箱金属材料耐腐蚀试验、绝缘电阻试验、温升极限试验—接插件、温升极限试验—出线断路器、温升极限试验—外壳、电气开关性能检验、过盈配合接插件性能试验—机械振动、过盈配合接插件性能试验—机械冲击、过盈配合接插件性能试验—紧固件强度、过盈配合接插件性能试验—耐腐蚀、过盈配合接插件性能试验—插入力、过盈配合接插件性能试验—拔出力、过盈配合接插件性能试验—插拔寿命、塑料冲击性能测定试验、塑料弯曲性能测定试验、温度冲击试验。

5.3 CCC 认证—电能计量箱

CCC 认证—电能计量箱包括产品类别、证书中的产品名称、证书编号、证书颁发机构、证书产品覆盖系列、规格、型号、颁发日期、有效期至、证书扫描件。

6 生产制造

生产制造主要包括生产厂房、主要生产设备、生产工艺控制、关键岗位持证人员一览表、生产厂房一览表、生产工艺控制、主要生产设备,生产制造信息见附录 C。

6.1 生产厂房

生产厂房一览表包括生产厂房所在地、厂房权属情况、租赁起始日期、租赁截止日期、厂区总面积、厂房总面积。

6.2 主要生产设备

主要生产设备包括设备类别、设备名称、设备型号及数量、主要技术参数项、主要技术参数值、设备制造商、设备国产/进口、设备单价、设备购买合同及发票扫描件。

6.3 生产工艺控制

生产工艺控制包括产品类别、主要工序名称、工艺文件名称、是否具有相应记录、整体执行情况、工艺文件扫描件。

6.4 关键岗位持证人员

关键岗位持证人员包括姓名、身份证号码、是否有高压试验证书。

7 试验检测

试验检测包括试验检测设备一览表、试验检测人员一览表、现场抽样检测记录表，试验检测信息见附录 D。

7.1 试验检测设备一览表

试验检测设备一览表包括设备类别、试验项目名称、设备名称、设备型号及数量、主要技术参数项、主要技术参数值、是否具有有效的检定证书、设备制造商、设备国产/进口、设备单价、设备购买合同及发票扫描件。

7.2 试验检测人员一览表

试验检测人员一览表包括姓名、资质证书名称、资质证书编号、资质证书出具机构、资质证书出具时间、有效期至、资质证书扫描件。

7.3 现场抽样检测记录表

现场抽样检测记录表包括现场抽样检测时间、产品类别、产品型号、抽样检测产品编号、抽样检测项目、抽样检测结果。

8 原材料/组部件

原材料/组部件包括原材料/组部件一览表、现场原材料抽样测量记录表，原材料/组部件信息见附录 E。

8.1 原材料/组部件一览表

原材料/组部件中的原材料/组部件一览表包括原材料/组部件名称、原材料/组部件规格型号、原材料/组部件制造商名称、原材料/组部件国产/进口、检测方式、原材料/组部件入厂检测项目。

8.2 现场原材料抽样测量记录表

原材料/组部件中的现场原材料抽样测量记录表包括产品类别、原材料/组部件名称、原材料/组部件采购合同、原材料/组部件出厂检测报告、原材料/组部件入厂检测记录、原材料/组部件存放环境。

9 产品产能

产品产能包括生产能力表，产品产能信息见附录 F。

9.1 生产能力表

生产能力表包括产品类别。

附 录 A
（规范性附录）
适用的物资及物资专用信息标识代码

物资类别	物料所属大类	物资所属中类	物资所属小类	物资名称	物资专用信息标识代码
电能计量箱	二次设备	低压屏（柜）、箱	电能计量箱	电能计量箱	G1106018

附 录 B
（规范性附录）
报 告 证 书

项目编码					项目名称	说明
物资专用信息标识代码	模块代码	表代码	字段代码	字段值代码		
略	C				**报告证书**	具备相应资质、权力的机构或机关等颁发的证明资格或权力的文件。
		01			**金属电能计量箱检验报告数据表**	反映金属电能计量箱检验报告数据内容的列表。
			1001		物料描述	以简短的文字、符号或数字、号码来代表物料、品名、规格或类别及其他有关事项的一种管理工具。
			1002		产品型号	便于使用、制造、设计等部门进行业务联系和简化技术文件中产品名称、规格、型式等叙述而引用的一种代号，应以简明、不重复为基本原则，反映商品性质、性能、品质等一系列的指标。
			1003		报告编号	采用字母、数字混合字符组成的用以标识检测报告的完整的、格式化的一组代码，是检测报告上标注的报告唯一性标识。
			1004		试验类型	对不同检验方式进行区别分类。
			1005		委托单位	委托检测活动的单位。
			1006		产品制造单位	检测报告中送检样品的生产制造单位。
			1007		报告出具机构	应申请检验人的要求，对产品进行检验后所出具书面证明的检验机构。
			1008		报告出具日期	企业检测报告出具的年月日，采用YYYYMMDD的日期形式。
			1009		报告扫描件	用扫描仪将检测报告正本扫描得到的电子文件。
			1011		报告有效期至	认证证书有效期的截止年月日，采用YYYYMMDD的日期形式。
			1012		一般检查	通常进行的检查，包括三方面：① 检查机械操作元件、联锁、锁扣等部件的有效性；② 检查导线和电缆的布置是否正确；③ 检查电器安装是否正确。

表（续）

项目编码					项目名称	说明
物资专用信息标识代码	模块代码	表代码	字段代码	字段值代码		
			1013		热稳定性试验	能连续记录试样温度的差热分析的试验，测定试样在高温条件下开始发生自动催化反应的时间，对试样的热稳定性作出评价。
			1014		耐热性试验—压痕直径	把一定直径的钢球，在一定试验力作用下，以一定的速度压入试样表面，经规定的试验力保持时间后卸除试验力的试验。以试样压痕球形表面积上的平均压力来表示金属的布氏硬度值。
			1015		耐受非正常发热和火焰的试验	测量电器的电动稳定性和热稳定性的一种试验，用来考核开关电器在发生过载和短路故障的情况下，并不分断电路但应能承受短时间、大电流所形成的电动力和热效应的作用而不至破坏的能力。
			1016		耐老化试验—氙灯光照试验	对电器绝缘材料及其他材料进行的耐老化试验，一般用氙灯光照进行老化试验。
			1017		耐老化试验—透光降低率	对电器绝缘材料及其他材料进行的耐老化试验，老化后试验透光率。
			1018		电气间隙、爬电距离测定	在两个导电零部件之间或导电零部件与设备防护界面之间测得的最短空间距离。两相邻导体或一个导体与相邻电机壳表面的沿空气测量的最短距离。即在保证电气性能稳定和安全的情况下，通过空气能实现绝缘的最短距离。
			1019		静载能力试验	对相应材料施加相应载荷，测量耐受力情况的试验，分别针对计量箱外壳，对铰链式计量箱门等受力部件。
			1020		门锁性能试验及门/门锁/开关操作试验	对门锁及门、门锁、开关操作进行的一种性能试验，门、门锁、开关操作50次后，其功能维持正常。
			1021		保护电路有效性验证	防止成套设备内部故障、防止由成套设备供电的外部电路利用故障引起的后果。利用保护电路进行安全防护适用于电击防护措施中采用间接的防护。

表（续）

项目编码					项目名称	说明
物资专用信息标识代码	模块代码	表代码	字段代码	字段值代码		
			1022		动态载荷试验	衡量计量箱电气设备安装牢固程度、安装附件功能性、运输试验要求的试验，试验在电气设备、门完全及门锁封闭状态下的计量箱内进行。
			1023		介电性能试验	在电场作用下，建立极化的特性的试验，分为冲击耐受电压试验和工频耐受电压试验。
			1024		计量箱外壳封闭防护等级验证试验	检测防护等级的一种试验，外壳以及适用时的隔板或活门提供的防止接近危险部件、防止固体外物进入和/或防止水的侵入，并经由标准试验方法验证的保护程度。
			1025		冲击载荷试验	在冲击载荷作用下，用于测定材料抗冲性能的试验方法。
			1026		螺纹连接紧固件机械强度试验	测试螺纹紧固连接件机械强度的试验，在试验过程中螺钉连接不应出现松动和损坏。
			1027		计量箱标志试验	检查计量箱标志是否符合要求的试验。
			1028		计量箱金属材料耐腐蚀试验	检测机械材料刚度和强度试验。耐腐蚀主要取决于材料自身热力学稳定性的常用金属材料。
			1028		计量箱金属涂层附着力试验	检测机械材料表面材料附着力的试验。
			1029		绝缘电阻试验	检查绝缘材料是否合格，测试两个导体之间或一个导体对大地之间的泄漏电流，以验证他们之间的不导通性的可靠度的一种试验方法，它能发现绝缘材料是否受潮、损伤、老化、从而发现设备缺陷。相对地，零对地、设备对地，绝缘电阻值越大越好，它们之间的不导通性越可靠。
			1030		温升极限试验—接插件	按照标准测得插接件的温度与成套设备外部环境空气的温度差值的一种试验。
			1031		温升极限试验—出线断路器	按照标准测得断路器的温度与成套设备外部环境空气的温度差值的一种试验。

表（续）

项目编码					项目名称	说明
物资专用信息标识代码	模块代码	表代码	字段代码	字段值代码		
			1032		温升极限试验—外壳	测定外壳在高温条件下开始发生自动催化反应的时间，对试样的热稳定性作出评价的一种试验。
			1033		电气开关性能检验	通过电气开关的耐燃试验、分断能力、脱扣性能指标试验，检测符合相应技术指标的一种试验。
			1034		过盈配合接插件性能试验—机械振动	零件紧固的联接机械振动检验，接插件不允许有影响形状、配合或功能的变形，安装部件无脱落、松动。
			1035		过盈配合接插件性能试验—机械冲击	零件紧固的联接机械冲击检验，接插件不允许有影响形状、配合或功能的变形，安装部件无脱落、松动。
			1036		过盈配合接插件性能试验—紧固件强度	零件紧固的联接紧固件强度检验，试验过程中，螺钉连接不应出现松动和损坏。
			1037		过盈配合接插件性能试验—耐腐蚀	零件紧固的联接耐腐蚀检验，无肉眼可见锈迹、破裂或其他损坏现象。
			1038		过盈配合接插件性能试验—插入力	零件紧固的联接插入力检验，插入力不大于标准。
			1039		过盈配合接插件性能试验—拔出力	零件紧固的联接拔出力检验，拔出力不大于标准。
			1040		过盈配合接插件性能试验—插拔寿命	零件紧固的联接插拔寿命检验，接插件本体及表面镀层无破裂或损坏，接插件端子温升极限小于标准。
		02			非金属电能计量箱检验报告数据表	反映非金属电能计量箱检验报告数据内容情况的列表。
			1001		物料描述	以简短的文字、符号或数字、号码来代表物料、品名、规格或类别及其他有关事项的一种管理工具。
			1002		产品型号	便于使用、制造、设计等部门进行业务联系和简化技术文件中产品名称、规格、型式等叙述而引用的一种代号，反映商品性质、性能、品质等一系列的指标。
			1003		报告编号	采用字母、数字混合字符组成的用以标识检测报告的完整的、格式化的一组代码，是检测报告上标注的报告唯一性标识。

表（续）

项目编码					项目名称	说明
物资专用信息标识代码	模块代码	表代码	字段代码	字段值代码		
			1004		试验类型	对不同检验方式进行区别分类。
			1005		委托单位	委托检测活动的单位。
			1006		产品制造单位	检测报告中送检样品的生产制造单位。
			1007		报告出具机构	应申请检验人的要求，对产品进行检验后所出具书面证明的检验机构。
			1008		报告出具日期	企业检测报告出具的年月日，采用YYYYMMDD的日期形式。
			1009		报告扫描件	用扫描仪将检测报告正本扫描得到的电子文件。
			1010		报告有效期至	认证证书有效期的截止年月日，采用YYYYMMDD的日期形式。
			1011		一般检查	通常进行的检查，包括三方面：① 检查机械操作元件、联锁、锁扣等部件的有效性；② 检查导线和电缆的布置是否正确；③ 检查电器安装是否正确。
			1012		热稳定性试验	能连续记录试样温度的差热分析的试验，测定试样在高温条件下开始发生自动催化反应的时间，对试样的热稳定性作出评价。
			1013		耐热性试验—压痕直径	把一定直径的钢球，在一定试验力作用下，以一定的速度压入试样表面，经规定的试验力保持时间后卸除试验力的试验。以试样压痕球形表面积上的平均压力来表示金属的布氏硬度值。
			1014		耐受非正常发热和火焰的试验	测量电器的电动稳定性和热稳定性的一种试验，用来考核开关电器在发生过载和短路故障的情况下，并不分断电路但应能承受短时间、大电流所形成的电动力和热效应的作用而不至破坏的能力。
			1015		耐老化试验—氙灯光照试验	对电器绝缘材料及其他材料进行的耐老化试验，一般用氙灯光照进行老化试验。

表（续）

项目编码					项目名称	说明
物资专用信息标识代码	模块代码	表代码	字段代码	字段值代码		
			1016		耐老化试验—老化后试验冲击性能	对电器绝缘材料及其他材料进行的耐老化试验，老化后试验冲击性能。
			1017		耐老化试验—老化后试验弯曲性能	对电器绝缘材料及其他材料进行的耐老化试验，老化后试验弯曲性能。
			1018		耐老化试验—透光降低率	对电器绝缘材料及其他材料进行的耐老化试验，老化后试验透光率。
			1019		电气间隙、爬电距离测定	在两个导电零部件之间或导电零部件与设备防护界面之间测得的最短空间距离。两相邻导体或一个导体与相邻电机壳表面的沿空气测量的最短距离。即在保证电气性能稳定和安全的情况下，通过空气能实现绝缘的最短距离。
			1020		静载能力试验	对相应材料施加相应载荷，测量耐受力情况的试验，分别针对计量箱外壳，对铰链式计量箱门等受力部件。
			1021		门锁性能试验及门/门锁/开关操作试验	对门锁及门、门锁、开关操作进行的一种性能试验，门、门锁、开关操作50次后，其功能维持正常。
			1022		保护电路有效性验证	防止成套设备内部故障、防止由成套设备供电的外部电路利用故障引起的后果。利用保护电路进行安全防护适用于电击防护措施中采用间接的防护。
			1023		动态载荷试验	衡量计量箱电气设备安装牢固程度、安装附件功能性、运输试验要求的试验，试验在电气设备、门完全及门锁封闭状态下的计量箱内进行。
			1024		介电性能试验	在电场作用下，建立极化的特性的试验，分为冲击耐受电压试验和工频耐受电压试验。
			1025		计量箱外壳封闭防护等级验证试验	检测防护等级的一种试验，外壳以及适用时的隔板或活门提供的防止接近危险部件、防止固体外物进入和/或防止水的侵入，并经由标准试验方法验证的保护程度。防止接近危险部件和防止固体异物进入的防护等级。

表（续）

项目编码					项目名称	说明
物资专用信息标识代码	模块代码	表代码	字段代码	字段值代码		
			1026		冲击载荷试验	在冲击载荷作用下，用于测定材料抗冲性能的试验方法。
			1027		螺纹连接紧固件机械强度试验	测试螺纹紧固连接件机械强度的试验，在试验过程中，螺钉连接不应出现松动和损坏。
			1028		计量箱标志试验	检查计量箱标志是否符合要求的试验。
			1029		计量箱金属材料耐腐蚀试验	检测机械材料刚度和强度试验。耐腐蚀主要取决于材料自身热力学稳定性的常用金属材料。
			1030		绝缘电阻试验	检查绝缘材料是否合格，测试两个导体之间或一个导体对大地之间的泄漏电流，以验证他们之间的不导通性的可靠度的一种试验方法，它能发现绝缘材料是否受潮、损伤、老化、从而发现设备缺陷。相对地，零对地、设备对地，绝缘电阻值越大越好，它们之间的不导通性越可靠。
			1031		温升极限试验—接插件	按照标准测得插接件的温度与成套设备外部环境空气的温度差值的一种试验。
			1032		温升极限试验—出线断路器	按照标准测得断路器的温度与成套设备外部环境空气的温度差值的一种试验。
			1033		温升极限试验—外壳	测定外壳在高温条件下开始发生自动催化反应的时间，对试样的热稳定性作出评价的一种试验。
			1034		电气开关性能检验	通过电气开关的耐燃试验、分断能力、脱扣性能指标试验，检测符合相应技术指标的一种试验。
			1035		过盈配合接插件性能试验—机械振动	零件紧固的联接机械振动检验，接插件不允许有影响形状、配合或功能的变形，安装部件无脱落、松动。
			1036		过盈配合接插件性能试验—机械冲击	零件紧固的联接机械冲击检验，接插件不允许有影响形状、配合或功能的变形，安装部件无脱落、松动。
			1037		过盈配合接插件性能试验—紧固件强度	零件紧固的联接紧固件强度检验，试验过程中，螺钉连接不应出现松动和损坏。

表（续）

项目编码					项目名称	说明
物资专用信息标识代码	模块代码	表代码	字段代码	字段值代码		
			1038		过盈配合接插件性能试验—耐腐蚀	零件紧固的联接耐腐蚀检验，无肉眼可见锈、破裂或其他损坏现象。
			1039		过盈配合接插件性能试验—插入力	零件紧固的联接插入力检验，插入力不大于标准。
			1040		过盈配合接插件性能试验—拔出力	零件紧固的联接拔出力检验，拔出力不大于标准。
			1041		过盈配合接插件性能试验—插拔寿命	零件紧固的联接插拔寿命检验，接插件本体及表面镀层无破裂或损坏，接插件端子温升极限小于标准。
			1042		塑料冲击性能测定试验	测试相应材料的脆性和韧性的试验，采用机械加工方法从外壳适宜部件提取样品。
			1043		塑料弯曲性能测定试验	测试相应材料弯曲性能的试验，采用机械加工方法从外壳适宜部件提取样品。
			1044		温度冲击试验	检测设备对于温度的适用性的试验，实验过程中被试品应没有粘连、变形、破裂或破损等现象。
		03			**CCC认证—电能计量箱**	CCC安全认证下的电能计量箱相关数据内容。
			1001		产品类别	将产品按照一定规则归类后，该类产品对应的适用的产品类别名称。
			1002		证书中的产品名称	证书中所列出的产品名称。
			1003		证书编号	认证证书上标明的编号，证书上标注的证书唯一性标识。
			1004		证书颁发机构	证书上标注的认证机构名称。
			1005		证书产品覆盖系列、规格、型号	证书上标注的认证产品范围。
			1006		颁发日期	认证评定机关核发资质证书的年月日，采用YYYYMMDD的日期形式。
			1007		有效期至	认证证书有效期的截止年月日，采用YYYYMMDD的日期形式。
			1008		证书扫描件	用扫描仪将认证证书正本扫描得到的电子文件

附 录 C
（规范性附录）
生 产 制 造

项目编码					项目名称	说明
物资专用信息标识代码	模块代码	表代码	字段代码	字段值代码		
略	E				**生产制造**	生产企业整合相关的生产资源，按预定目标进行系统性的从前端概念设计到产品实现的物化过程。
		01			**生产厂房**	反映企业生产厂房属性的统称。
			1001		生产厂房所在地	生产厂房的地址，包括所属行政区划名称，乡（镇）、村、街名称和门牌号。
			1002		厂房权属情况	指厂房产权在主体上的归属状态。
				001	自有	指产权归属自己。
				002	租赁	按照达成的契约协定，出租人把拥有的特定财产（包括动产和不动产）在特定时期内的使用权转让给承租人，承租人按照协定支付租金的交易行为。
			1003		租赁起始日期	租赁的起始年月日，采用YYYYMMDD 的日期形式。
			1004		租赁截止日期	租赁的截止年月日，采用YYYYMMDD 的日期形式。
			1005		厂区总面积	厂区的总面积（m²）。
			1006		厂房总面积	厂房的总面积（m²）。
		02			**主要生产设备**	反映企业拥有的关键生产设备的统称。
			1001		生产设备	在生产过程中为生产工人操纵的，直接改变原材料属性、性能、形态或增强外观价值所必需的劳动资料或器物。
			1002		设备类别	将设备按照不同种类进行区别归类。
			1003		设备名称	试验检测设备的专用称呼。

表（续）

项目编码					项目名称	说明
物资专用信息标识代码	模块代码	表代码	字段代码	字段值代码		
				001	母排加工设备	用于各种高、低压输配电成套电气以及电力变压器等铜、铝排母线工艺的一种设备。通过选择不同的模具，可达到不同的功能。分别用于铜、铝排进行折弯、冲孔、剪切、平弯、压花等工序。
				002	折弯设备	能够使金属板料在折弯机上模或下模的压力下完成一个形状的弯曲的一种设备。折弯指可以折一些金属材料和拉伸性能比较好的材料。
				003	冲孔设备	将原材料安装好后，在动力机构的驱动下，冲孔模具作用在材料上，完成冲孔的一种机械设备，冲压生产主要是针对板材的。
				004	剪切设备	可以实现剪切工艺的一种设备，包括剪板机等。
				005	焊接设备	可以实现焊接工艺的一种装备，包括焊机、焊接工艺装备和焊接辅助器具，主要用于焊接低碳钢和低合金。
				006	打磨设备	用来进行金属表面打磨处理一种手动电动工具，可以去除粗抛产生的表面损伤，使抛光损伤减到最小。
				007	剪线机	借于运动的上刀片和固定的下刀片，采用合理的刀片间隙，对各种厚度的布料施加剪线力，使线头按所需要的尺寸断裂分离的一种设备，常用来剪裁多余的线头。
				008	注塑设备	一种工业产品生产造型的仪器。产品通常使用橡胶注塑和塑料注塑。
				009	液压机	利用液体传递压力的机器，如水压机、油压机。
				010	模具（套）	能生产出一定形状和尺寸要求的零件的工具。
				999	其他	除以上外的其他设备。
			1004		设备型号	便于使用、制造、设计等部门进行业务联系和简化技术文件中产品名称、规格、型式等叙述而引用的一种代号。

表（续）

项目编码					项目名称	说明
物资专用信息标识代码	模块代码	表代码	字段代码	字段值代码		
			1005		数量	试验检测设备的数量。
			1006		主要技术参数项	对生产设备的主要技术性能指标项目进行描述。
				001	最大加工宽度	加工后零件的最大尺寸，加工后的有效宽度。
				002	工作台长度	工作台尺寸加工范围，导轨长度。
				003	公称压力	管材在二级温度（20℃）时输出的工作压力，与管道系统部件耐压能力有关的参考数值。
				004	锁模力	注射时为克服型腔内熔体对模具的涨开力，注射机施加给模具的锁紧力。注塑机的锁模单元必须提供足够的"锁模力"使模具不至于被撑开。
			1007		主要技术参数值	对生产设备的主要技术性能指标数值进行描述。
			1008		设备制造商	制造设备的生产厂商，不是代理商或贸易商。
			1009		设备国产/进口	在国内/国外生产的设备。
				001	国产	在本国生产的生产设备。
				002	进口	向非本国居民购买生产或消费所需的原材料、产品、服务。
			1010		设备单价	购置单台生产设备的完税后价格。
			1011		设备购买合同及发票扫描件	用扫描仪将设备购买合同及发票原件扫描得到的电子文件。
		03			**生产工艺控制**	反映生产工艺控制过程中一些关键要素的统称。
			1001		产品类别	将产品按照一定规则归类后，该类产品对应的适用的产品类别名称。
				001	电能计量箱（金属）	计量箱是为了计量电能所必需的计量器具和辅助设备的总体，包括电能表、计量用电压、电流互感器及其二次回路、电能计量屏、柜、箱等。这里指以金属为主要原料材质的计量箱。

表（续）

项目编码					项目名称	说明
物资专用信息标识代码	模块代码	表代码	字段代码	字段值代码		
				002	电能计量箱（PC+ABS）	计量箱是为了计量电能所必需的计量器具和辅助设备的总体，包括电能表、计量用电压、电流互感器及其二次回路、电能计量屏、柜、箱等。这里指以 ABS 和 PC 为主要原料材质的计量箱。
				003	电能计量箱（SMC）	计量箱是为了计量电能所必需的计量器具和辅助设备的总体，包括电能表、计量用电压、电流互感器及其二次回路、电能计量屏、柜、箱等。这里指以 SMC 为主要原料材质的计量箱。
			1002		主要工序名称	对产品的质量、性能、功能、生产效率等有重要影响的工序。
				001	下料	确定制作某个设备或产品所需的材料形状、数量和质量后，从整个或整批材料中取下一定形状、数量后质量的材料的操作过程。从整块材料中切割合适的部分，这一过程叫下料。
				002	折弯	金属板料在折弯机上模或下模的压力下完成一个形状的弯曲的一种设备。折弯指可以折一些金属材料和拉伸性能比较好的材料。
				003	焊接	一种以加热、高温或者高压的方式结合金属或者其他热塑性材料如塑料的制造工艺及技术。焊接也称溶接。
				004	喷涂	通过喷枪或蝶式雾化器，借助于压力或离心力，分散成均匀而微细的雾滴，施涂于被涂物表面的涂装方法。可分为空气喷涂、无空气喷涂、静电喷涂等。
				005	装配	将零件按规定的技术要求组装起来，并经过调试、检验使之成为合格产品的过程。
				006	注塑	一种工业产品生产造型的方法。产品通常使用橡胶注塑和塑料注塑，注塑还可以分为注塑成型模压和压铸法。

表（续）

项目编码					项目名称	说明
物资专用信息标识代码	模块代码	表代码	字段代码	字段值代码		
			1003		工艺文件名称	主要描述如何通过在过程控制，实现成最终的产品的操作文件。
			1004		是否具有相应记录	是否将一套工艺的整个流程用一定的方式记录下来。
			1005		整体执行情况	按照工艺要求，对范围、成本、检测、质量等方面实施情况的体现。
				001	良好	生产工艺整体执行良好。
				002	一般	生产工艺整体执行一般。
				003	较差	生产工艺整体执行较差。
			1006		工艺文件扫描件	用扫描仪将工艺文件扫描得到的电子文件。
		04			**关键岗位持证人员**	在关键岗位工作的持证员工基本情况。
			1001		姓名	在公安户籍管理部门登记注册、人事档案中记载的、正在使用的称呼。
			1002		身份证号码	特征组合码，由 17 位数字本体和一位数字校验码组成，指身份证上的 18 位号码。
			1003		是否有高压试验证书	是否拥有从事高压试验的资格证书

附 录 D
（规范性附录）
试 验 检 测

项目编码					项目名称	说明
物资专用信息标识代码	模块代码	表代码	字段代码	字段值代码		
略	F				**试验检测**	用规范的方法检验测试某种物体指定的技术性能指标。
		01			**试验检测设备一览表**	反映试验检测设备属性情况的列表。
			1001		试验检测设备	一种产品或材料在投入使用前，对其质量或性能按设计要求进行验证的仪器。
			1002		设备类别	将设备按照不同种类进行区别归类。
			1003		试验项目名称	为了察看某事的结果或某物的性能而从事某种活动的名称。
				001	一般检查	通常进行的检查，包括三方面：① 检查机械操作元件、联锁、锁扣等部件的有效性；② 检查导线和电缆的布置是否正确；③ 检查电器安装是否正确。
				002	电气间隙、爬电距离测定	在两个导电零部件之间或导电零部件与设备防护界面之间测得的最短空间距离。两相邻导体或一个导体与相邻电机壳表面的沿空气测量的最短距离。即在保证电气性能稳定和安全的情况下，通过空气能实现绝缘的最短距离。
				003	门锁性能试验及门/门锁/开关操作试验	对门锁及门、门锁、开关操作进行的一种性能试验，门、门锁、开关操作 50 次后，其功能维持正常。
				004	保护电路有效性验证	防止成套设备内部故障、防止由成套设备供电的外部电路利用故障引起的后果。利用保护电路进行安全防护适用于电击防护措施中采用间接的防护。

表（续）

项目编码					项目名称	说明
物资专用信息标识代码	模块代码	表代码	字段代码	字段值代码		
				005	绝缘电阻试验	检查绝缘材料是否合格,测试两个导体之间或一个导体对大地之间的泄漏电流,以验证他们之间的不导通性的可靠度的一种试验方法,它能发现绝缘材料是否受潮、损伤、老化、从而发现设备缺陷。相对地,零对地、设备对地,绝缘电阻值越大越好,它们之间的不导通性越可靠。
				006	介电性能试验	在电场作用下,建立极化的特性的试验,分为冲击耐受电压试验和工频耐受电压试验。
			1004		设备名称	试验检测设备的专用称呼。
				001	绝缘电阻测试设备	由交流电网或电池供电,通过电子电路进行信号变换和处理,对电气设备、绝缘材料和绝缘结构等的绝缘性能进行检测和试验的一类仪器,使用于在各种电气设备的保养、维修、试验及检定中作绝缘试验。
				002	接地电阻测试设备	一种专门用于直接测量各种接地装置的接地电阻值的一类仪器。
				003	通电试验台	用于高低压开关柜的各项通电试验的试验台。集成多种交、直流电源,便于对开关柜(箱)的检测,大大提高工作效率。用于高低压开关柜(箱)的各项通电试验。
				004	耐压测试仪	将一规定交流或直流高压施加在电器带电部分和非带电部分(一般为外壳)之间以检查电器的绝缘材料所能承受耐压能力的试验。是耐压试验设备,用于对各种电器元件、电器产品、绝缘材料等进行规定电压下的绝缘强度试验。
				005	冲击强度试验设备	验证产品承受冲击强度能力的试验设备。
				006	灼热丝阻燃试验设备	测试电子电器产品的工作稳定性的设备,主要通过电流来加热。
				999	其他设备	除以上外的其他设备。

表（续）

项目编码					项目名称	说明
物资专用信息标识代码	模块代码	表代码	字段代码	字段值代码		
			1005		设备型号	便于使用、制造、设计等部门进行业务联系和简化技术文件中产品名称、规格、型式等叙述而引用的一种代号。
			1006		数量	试验检测设备的数量。
			1007		主要技术参数项	描述设备的主要技术要求的项目。
			1008		最高输出电压	输出电压的最大值。
			1009		测量电流	各输出可达最大电流,但总负载不可超过最大输出功率。
			1010		最大试验力	施加在试样或试件上的外力的最大值。
			1011		主要技术参数值	描述设备的主要技术要求的数值。
			1012		是否具有有效的检定证书	是否具备由法定计量检定机构对仪器设备出具的证书。
			1013		设备制造商	制造设备的生产厂商,不是代理商或贸易商。
			1014		设备国产/进口	在国内/国外生产的设备。
				001	国产	在本国生产的生产设备。
				002	进口	向非本国居民购买生产或消费所需的原材料、产品、服务。
			1015		设备单价	购置单台生产设备的完税后价格。
			1016		设备购买合同及发票扫描件	用扫描仪将设备购买合同及发票原件扫描得到的电子文件。
		02			**试验检测人员一览表**	反映试验检测人员情况的列表。
			1001		姓名	在户籍管理部门正式登记注册、人事档案中正式记载的姓氏名称。
			1002		资质证书名称	表明劳动者具有从事某一职业所必备的学识和技能的证书的名称,通常包括行业类别、专业、等级等信息。
			1003		资质证书编号	资质证书的编号或号码。
			1004		资质证书出具机构	资质评定机关的中文全称。
			1005		资质证书出具时间	资质评定机关核发资质证书的年月日,采用 YYYYMMDD 的日期形式。

表（续）

项目编码					项目名称	说明
物资专用信息标识代码	模块代码	表代码	字段代码	字段值代码		
			1006		有效期至	资质证书登记的有效期的终止日期，采用 YYYYMMDD 的日期形式。
			1007		资质证书扫描件	用扫描仪将资质证书正本扫描得到的电子文件。
		03			**现场抽样检测记录表**	反映现场抽样检测记录情况的列表。
			1001		现场抽样检测时间	现场随机抽取产品进行试验检测的具体日期，采用 YYYYMMDD 的日期形式。
			1002		产品类别	将产品按照一定规则归类后，该类产品对应的适用的产品类别名称。
				001	电能计量箱（金属）	计量箱是为了计量电能所必需的计量器具和辅助设备的总体，包括电能表、计量用电压、电流互感器及其二次回路、电能计量屏、柜、箱等。这里指以金属为主要原料材质的计量箱。
				002	电能计量箱（PC+ABS）	计量箱是为了计量电能所必需的计量器具和辅助设备的总体，包括电能表、计量用电压、电流互感器及其二次回路、电能计量屏、柜、箱等。这里指以 ABS 和 PC 为主要原料材质的计量箱。
				003	电能计量箱（SMC）	计量箱是为了计量电能所必需的计量器具和辅助设备的总体，包括电能表、计量用电压、电流互感器及其二次回路、电能计量屏、柜、箱等。这里指以 SMC 为主要原料材质的计量箱。
			1003		产品型号	便于使用、制造、设计等部门进行业务联系和简化技术文件中产品名称、规格、型式等叙述而引用的一种代号。
			1004		抽样检测产品编号	同一类型产品生产出来后给定的用来识别某类型产品中的每一个产品的一组代码，由数字和字母或其他代码组成。
			1005		抽样检测项目	从欲检测的全部样品中抽取一部分样品单位进行检测的项目。

表（续）

项目编码					项目名称	说明
物资专用信息标识代码	模块代码	表代码	字段代码	字段值代码		
				001	一般检查	通常进行的检查，包括三方面：① 检查机械操作元件、联锁、锁扣等部件的有效性；② 检查导线和电缆的布置是否正确。三是检查电器安装是否正确。
				002	电气间隙、爬电距离测定	在两个导电零部件之间或导电零部件与设备防护界面之间测得的最短空间距离。两相邻导体或一个导体与相邻电机壳表面的沿空气测量的最短距离。即在保证电气性能稳定和安全的情况下，通过空气能实现绝缘的最短距离。
				003	门锁性能试验及门/门锁/开关操作试验	对门锁及门、门锁、开关操作进行的一种性能试验，门、门锁、开关操作 50 次后，其功能维持正常。
				004	保护电路有效性验证	防止成套设备内部故障、防止由成套设备供电的外部电路利用故障引起的后果。利用保护电路进行安全防护适用于电击防护措施中采用间接的防护。
				005	绝缘电阻试验	检查绝缘材料是否合格，测试两个导体之间或一个导体对大地之间的泄漏电流，以验证他们之间的不导通性的可靠度的一种试验方法，它能发现绝缘材料是否受潮、损伤、老化、从而发现设备缺陷。相对地，零对地、设备对地，绝缘电阻值越大越好，它们之间的不导通性越可靠。
				006	介电性能试验	在电场作用下，建立极化的特性的试验，分为冲击耐受电压试验和工频耐受电压试验。
			1006		抽样检测结果	对抽取样品检测项目的结论/结果

附 录 E
（规范性附录）
原 材 料/组 部 件

项目编码					项目名称	说明
物资专用信息标识代码	模块代码	表代码	字段代码	字段值代码		
略	G				**原材料/组部件**	原材料指生产某种产品的基本原料；组部件是指某种产品的组成部件。
		01			**原材料/组部件一览表**	反映原材料或组部件情况的清单列表。
			1001		原材料/组部件名称	生产某种产品的基本原料的名称，或产品的组成部件的名称。
				001	金属板材	由金属材料制作而成的板材。可以是纯铝，铝镁合金如铝镁合金、铝镁合金，也可以是不锈钢板、铜板以及钛锌板等这些金属板复合而成的材料。
				002	SMC 板材	由以树脂或塑料为材料的基体与增强材料所构成的板材，大多数情况下都是依靠纤维来增强的。
				003	PC 颗粒	一种分子链中含有碳酸酯基的高分子聚合物。结构相对比较复杂，比 ABS 强度高，但是韧性一般，耐高温。
				004	ABS 颗粒	一种强度高、韧性好、易于加工成型的热塑型高分子材料结构，微黄色固体，有一定的韧性。它抗酸、碱、盐的腐蚀能力比较强，也可在一点的程度上耐受有机溶剂溶解。
				005	断路器或开关	为断电和保护，可安全切除负荷电流和故障电流的设备。高压断路器俗称开关，是电力系统中最重要的控制保护设备。
				006	线材	直径为 5～22mm 的热轧圆钢或者相当此断面的异形钢。因以盘条形式交货，故又通称为盘条。线材一般用普通碳素钢和优质碳素钢制成。
				007	母排	供电系统中，电柜中总制开关与各分路电路中的开关的连接铜牌或铝排，表面做绝缘处理，具有大电流流通能力。

表（续）

项目编码					项目名称	说明
物资专用信息标识代码	模块代码	表代码	字段代码	字段值代码		
				008	接插件	连接两个有源器件的器件，传输电流或信号。
				999	其他	除以上外的其他材料。
			1002		原材料/组部件规格型号	反映原材料/组部件的性质、性能、品质等一系列的指标，一般由一组字母和数字以一定的规律编号组成如品牌、等级、成分、含量、纯度、大小（尺寸、重量）等。
			1003		原材料/组部件制造商名称	所使用的原材料/组部件的制造商的名称。
			1004		原材料/组部件国产/进口	所使用的原材料/组部件是国产或进口。
				001	国产	本国（中国）生产的原材料或组部件。
				002	进口	向非本国居民购买生产或消费所需的原材料、产品、服务。
			1005		检测方式	为确定某一物质的性质、特征、组成等而进行的试验，或根据一定的要求和标准来检查试验对象品质的优良程度的方式。
				001	抽检	从一批产品中按照一定规则随机抽取少量产品（样本）进行检验，据以判断该批产品是否合格的统计方法，依据抽样方案规则（一次抽或分几次抽、抽多少）抽出产品进行检验。
				002	全检	根据某种标准对被检查产品进行全部检查，对整批产品进行检验。
				003	委外检测	委托给其他具有相关资质的单位实施，根据某种标准对被检查产品进行检查。
				004	不检	不用检查或没有检查。
			1006		原材料/组部件入厂检测项目	原材料/组部件入厂时所做的检测项目名称。
		02			**现场原材料抽样测量记录表**	反映现场原材料抽样记录情况的列表。

表（续）

项目编码					项目名称	说明
物资专用信息标识代码	模块代码	表代码	字段代码	字段值代码		
			1001		产品类别	将产品按照一定规则归类后，该类产品对应的适用的产品类别名称。
				001	电能计量箱（金属）	计量箱是为了计量电能所必需的计量器具和辅助设备的总体,包括电能表、计量用电压、电流互感器及其二次回路、电能计量屏、柜、箱等。这里指以金属为主要原料材质的计量箱。
				002	电能计量箱（PC+ABS）	计量箱是为了计量电能所必需的计量器具和辅助设备的总体,包括电能表、计量用电压、电流互感器及其二次回路、电能计量屏、柜、箱等。这里指以ABS和PC为主要原料材质的计量箱。
				003	电能计量箱（SMC）	计量箱是为了计量电能所必需的计量器具和辅助设备的总体,包括电能表、计量用电压、电流互感器及其二次回路、电能计量屏、柜、箱等。这里指以SMC为主要原料材质的计量箱。
			1002		原材料/组部件名称	生产某种产品的基本原料的名称,或产品的组成部件的名称。
			1003		原材料/组部件采购合同	订购原材料/组部件的合同。
			1004		原材料/组部件出厂检测报告	订购原材料/组部件,销售厂家提供的检测报告。
			1005		原材料/组部件入厂检测记录	原材料/组部件入厂时所做的检测记录情况。
			1006		原材料/组部件存放环境	原材料/组部件存放的空间。
				001	良好	原材料/组部件存放环境良好。
				002	一般	原材料/组部件存放环境一般。
				003	较差	原材料/组部件存放环境较差

附 录 F
（规范性附录）
产 品 产 能

项目编码					项目名称	说明
物资专用信息标识代码	模块代码	表代码	字段代码	字段值代码		
略	I				产品产能	在计划期内，企业参与生产的全部固定资产，在既定的组织技术条件下，所能生产的产品数量，或者能够处理的原材料数量。
		01			生产能力表	反映企业生产能力情况的列表。
			1001		产品类别	将产品按照一定规则归类后，该类产品对应的适用的产品类别名称。
				001	电能计量箱（金属）	计量箱是为了计量电能所必需的计量器具和辅助设备的总体，包括电能表、计量用电压、电流互感器及其二次回路、电能计量屏、柜、箱等。这里指以金属为主要原料材质的计量箱。
				002	电能计量箱（PC+ABS）	计量箱是为了计量电能所必需的计量器具和辅助设备的总体，包括电能表、计量用电压、电流互感器及其二次回路、电能计量屏、柜、箱等。这里指以 ABS 和 PC 为主要原料材质的计量箱。
				003	电能计量箱（SMC）	计量箱是为了计量电能所必需的计量器具和辅助设备的总体，包括电能表、计量用电压、电流互感器及其二次回路、电能计量屏、柜、箱等。这里指以 SMC 为主要原料材质的计量箱